KB155908

周易斷想

주역단상

(上)

신창호

이 연구는 2023학년도 고려대학교 사범대학 특별연구비 지원을
받아 수행되었음.

머리말

'시간(時間: Time)'은 흐르고, '공간(空間: Space)'은 맴돈다. '인간(人間: human being)'은 그 시간과 공간을 타고 '생(生: life)'을 영위한다. 아니, 시간과 공간을 짊어지고, 삶의 곡예사가 된다. '시간-공간-인간-생'이라는 개념을 끌어들여 내 사유를 펼치면서, 기꺼이 한자와 영어를 병기해 보았다. '뭔가 있어 보이려는' 현학적 선택이 결코 아니다. 한글과 한문, 그리고 영어로 범벅된 내 사유의 저변에 무엇이 자리하고 있는지, 다시 고심해보려는 기획과 의도 때문이다. 『주역(周易)』을 독해하면서 그런 생각이 엄습해 왔다. 정말, 내 삶은 매순간, 단절과 지속 가운데, 변화(變化)를 따라 순천응인(順天應人)하고 있을까? 반관(反觀)의 성찰(省察)이 시간과 공간을 종횡하며 소식(消息)하는 걸까?

주지하다시피, 『주역』은 중국 '주(周)'나라 시대의 '역(易)'이다. 점(占)치는 책, 즉 복서(卜筮)의 원전으로 알려져 있다. 점서(占書)여서 그런지 각각의 효(爻)와 괘(卦)에는 점사(占辭)가 파노라마처럼 이어진다. 거기에 철학 사상을 이입하며 의리(義理)를 캐물어 들어가면, 넓고도 깊은 사유의 오리무중(五里霧中)을 경험한다. 점서여서 그런가! 시구(詩句)처럼 짧은 글귀에서는 신비적이고 미신적이며 원시적 주문(呪文)이나 주술(呪術)이 강렬하게 느껴지기도 한다.

그러나 그 이면에는 인간 사회의 희로애락(喜怒哀樂)이 길흉회린(吉凶悔吝)의 운동 가운데, 너무나 진지하면서도 심각하게 펼쳐져 있다. '변화(變化)'라는 거대한 물결을 방석(方席)삼아, 노도(怒濤)를 타고 상하전후좌우로 흔들리면서도, 인간으로서 자기 운명(運命)을 감지하며, 삶을 개척해 나가려는 몸부림이 상징적으로 드러난다. 『주역(周易)』, 또는 『역경(易經)』을 영어로 '변화의 성경(The Book of Changes)'으로 번역한 이유도 그러한 맥락이리라.

오래 전부터 『주역』의 내용을 '교육철학'으로 풀어보려는 생각을 했다. 최근에는 『교육철학잡기』를 쓰면서 정리한 것도 있다. 몇 년 전에는 『주역』 전체를 번역하는 책임을 말아 독해도 했고, 또 강의를 하면서 느낀 사유들이 다양한 양상으로 누적되었다. 관점에 따라 달리 정돈될 수 있겠지만, 그런 경험을 바탕으로 단상(斷想)을 이어보았다. 특히, 변역(變易)과 대대(待對)의 관점을 고려하여, 교육과 직결된, 수양(修養), 함양(涵養), 수련(修練), 단련(鍛鍊) 등에 초점을 맞추었다. 그것이 인간 사회에 참여하는 내 삶을 반성하는 계기라고 생각했기 때문이다.

단상(斷想)을 통해서나마 역(易)의 실마리라도 잡을 수 있으면 좋으련만, 『주역』을 가꾸어왔던 선조들로부터 그런 여유를 허락받을 수 있을까? 전전긍긍(戰戰兢兢)!

2024. 3.

안동(安東) 시우실(時雨室) 둔각정사(鈍角精舍)에서

신창호

차례

01

인간 확충과 개척의 변變-화化

『주역(周易)』의 핵심 개념은 '변(變)과 화(化)'이다. 일상에서 사용하는 '변화'라는 말은, 한마디로 얘기하면, '바뀌다!'라는 뜻이다. 영어로는 '체인지(change)'이다. '트랜지션(transition)'이나 '턴(turn)'이라고도 한다. '변화'라는 개념이 품고 있는 중요한 사실은 존재의 형상이나 성질이 기존의 것과 '달라진다!'라는 점이다. '세상의 모든 것이 바뀐다.' 또는 '덧없다.'라는 감성(感性)을 앞에 두고, 인간은 수시로 '무상(無常)'이라는 표현을 쓰기도 한다. 인생무상(人生無常)! 이때 '무상(無常)'이 '늘 지속해가는 일정한 모습', 즉 '상(常)'이 없다는 의미이다.

하지만 허무주의(虛無主義)로 전락하는 '덧없음'보다는 '변화' 자체의 현상적 진리를 깨닫는 작업이, 삶의 풍요를 불러오는 방편으로서는 보다 적합한 것 같다. 인생도 그렇고 교육도 그러하다. 그렇다면, '변화'란 무엇을 지칭하는 걸까?

정이(程頤: 程子, 1033~1107)의 『역전(易傳)』이나 주희(朱熹: 朱子, 1130~1200)의 『주역본의(周易本義)』에 그 내용이 구체적으로 풀이되어 있다. 800여 년 전, 성리학(性理學)의 사유이긴 하지만, 여전히 생각할 거리를 고민하게 만드는 묘한 힘을 주는 언표이다.

『주역』의 첫 번째 괘인 건(乾:☰)에 다음과 같은 기록이 있다.

"건(乾)의 도(道)가 변(變)하여 화(化)함에, 제각기 성명(性命)을 바르게 하니, 대화(大和)를 보합(保合)하여, 이에 마땅하고 바르고 곧다."[1)]

이를 해석하는 과정에 '변(變)'과 '화(化)'의 의미가 구체적으로 드러난다. 우리가 단순하게 하나의 단어로 사용하는 '변화', 즉 '바뀌다'의 뜻으로만 이해하기에는 무언가 복잡한 상황이 개입해 있다.

"변(變)은 차츰차츰, 천천히 나아가, 화(化)로 가는 작업 과정이다. 화(化)는 그 변(變)이 이루어져 정해지는 사업의 완수이다. 세상의 모든 존재가 받은 것을 성(性)이라 하고, 우주 자연이 준 것을 명(命)이라 한다. 대화(大和)는 서로 다른 기운인 음양(陰陽)이 모여 가득 찬 기운이다. '제각기 바르게 한다.'라는 의미의 각정(各正)은 세상의 모든 존재가 태어나는 처음에 얻는 자질의 양태이다. 보합(保合)은 태어난 뒤에 온전히 보존하는 일이다."[2)]

주희의 해설을 의역하는 차원에서 다시 풀이하면, '변화(變化)'는 바뀌어가는 과정에 대한 분석적 사유를 제공한다. 일상에서 '변화'라는 말은, 그저 '체인지'나 '전환'처럼, 하나의 단어로 사용하는 경우가 많다. 하지만 엄밀하게 나누어보면, '변'과 '화'는 차원이 다르다. '변(變)'은 바뀌는 과정 자체를 의미한다. '바뀌는 과정'은 물리적 전환의 연속이다. 점진적(漸進的)으로 진행되는 가운데 다른

1) 『周易』"乾": 乾道變化, 各正性命, 保合大和, 乃利貞.
2) 『周易』"乾"'彖': 變者, 化之漸. 化者, 變之成. 物所受爲性, 天所賦爲命. 大和, 陰陽會合沖和之氣也. 各正, 得於有生之初. 保合, 全於已生之後.

형상을 지속적으로 창출한다. 그것은 천천히 움직이면서 종착지인 화(化)로 차근차근 나아간다. '화(化)'는 바뀌는 과정을 거쳐 종결되는 지점을 의미한다. 바뀌어 종결되는 지점은 화학적 전환이 이루어진다. 그렇게 완성된 모습은 전혀 다른 성질을 지닌, 새로운 존재의 창조이다. 고요하면서도 역동적으로, 존재가 지닌 성질을 서서히 바꾸며, 변(變)의 완성을 담아낸다.

이런 이치를 고려하여, 우주 자연이나 인간 사회의 '변-화'를 교육적 차원에서 비유할 수 있다. '변(變)'은 '교육의 과정'이다. 인간은 교육을 통해 끊임없이 바뀌어 간다. 그것은 긍정적으로 '성장' 또는 '성숙'의 진행이 이루어지는 교육적 사태이다. '화(化)'는 '교육의 효과'이다. 또는 '결과'로 볼 수도 있다. 교육을 통해 바뀌는 과정을 거쳐, 어떤 인간으로 성장하고 성숙했는가? 바로 그 지점에서 드러난 인간의 품격이다.

우주 자연과 인간 사회는, 이 변(變)과 화(化)의 고요함과 움직임이 유기체의 역동적 운동으로 얽히고설키며, 서로 다른 기운인 음(--;-)과 양(—;+)이 상호 요청하며, 세상 만물을 빚어내려는 점진적 완성을 지향한다. 이 헤아릴 수 없는 용융(熔融)을 거쳐, 존재의 '품성(稟性)'과 '운명(運命)·숙명(宿命)'을 조성하는 작업이 우주를 활기차게 만든다.

다른 존재와 마찬가지로, 인간도 이런 과정에서 탄생했다. 『주역』을 풀이하는 과정에서, 주희는 성리학(性理學)에서 고려해야 할 인간, 그 '본성(本性)'과 '운명(運命)·숙명(宿命)'을 그런 시각으로 조명했다. '인간'이라는 생물학적 존재에 대해, 인간'됨'을 넘어 인간'다움'으로 가꾸는 교육도 철저하게 이런 양식을 따른다. 넓은 의미에서는 우주 자연으로부터, 좁은 의미로는 선조에서 부모로 이어지는 조상으로부터, 현실적으로 물려받은 '본성(本性)', 또는 우주 자연과 부모가 물려준 '운명(運命)·숙명(宿命)'을, 인간'임'에서 인간'됨'으로, 그리고 인간'다움'으로 변화를 유도하는 과정이, 다름 아닌 교육이다. 성장과 성숙의 진보! 그 이후에 다가서는 인격!

위에서 '본성(本性)' 또는 '품성(稟性)'으로 표기한 '성(性)'이나 '숙명(宿命)' 또는 '운명(運命)'으로 표기한 '명(命)'은 분명 다른 말이다. 하지만 그것은 물려 '주고' 물려 '받는' 주체의 특성에 따라 분류한 개념으로, 동일한 존재가 갖춘 속성을 지칭한다. 본성이나 품성은 인간이 현실적으로 물려'받은' 것이고, 숙명이나 운명은 하늘[天]로 상징되는 우주 자연, 또는 부모가 나에게 물려'준' 것이기에, 그 선(善)한 성품을 보존해야 한다. 동시에 시대정신에 맞게 적절하게 펼쳐내야 한다. 그것이 공자와 맹자가 강조하고, 『주역』이 추구하는 교육의 논리이다. 맹자의 논리처럼, 교육은 성선(性善)에 기초한 성품을 '확이충지(擴而充之)'해야 한다. 착한 본성을 넓혀서 채우고, 더욱 풍성하게 살찌우는 일이다. 그런 성장의 시스템이 다름 아닌, 현대적 의미의 '품성형성(稟性形成)'이다. 인간의 품격(品格)을 드높이는 숭고한 사업이다. 인간으로서 바꿀 수도 피할 수도 없는 숙명(宿命)을 깨닫고, 삶에서 부딪치는 여러 일이나 사태, 상황을 바꾸어 나가는 운명(運命)의 개척이다.

이처럼, 『주역』의 교육논리는 '변(變)-화(化)'의 원리에 터하고 있다. '변'과 '화'의 속성을 품에 안고, 인간의 운명을 개척하려는 강력한 의지를 교육철학으로 새긴다. 첨단과학 기술문명이 변화의 속도를 더하는 이때, 그것은 어떤 시사점을 줄 수 있을까? 첨단기술

문명은 '변(變)'의 상태를 더욱 빠른 속도로 유도하며, 순간적이고 단편적인 '화(化)'의 상황을 연출한다. 그러나 그 연출은 연극이나 영화의 대본이 아니다. 현실 자체이다. 동시에 그 현실은, 또 다른 연출을 통해, 현재의 시점에서 정체성을 지니지 못한 채, 다른 시점에 의해 사라져 간다.

『주역』으로 기록되었던 고대 농경사회와 현대 첨단산업사회의 간극(間隙)을 메꾸며 설명하기에는, 너무나 힘든 사실이 앞에 놓여 있다. 정치 체제와 경제 법칙이 판이하다. 어떤 매개체가 이 단절과 연속의 관절(關節)을 편하게 만들 수 있을까? 보다 심오한 사유가 필요하리라.

02

원형이정元亨利貞의 역동적 사업

원형이정(元亨利貞)은 『주역』의 역동적 생명력을 상징하는 핵심 언표이다. 자연의 추이에 따른 계절로 안배할 때, '원-형-이-정'은 '봄-여름-가을-겨울'에 해당한다. 이 사계절은 1년 12개월 가운데 3개월씩 안배된다. 단순하게 순차적으로 보면, 봄은 1월~3월, 여름은 4월~6월, 가을은 7월~9월, 겨울은 10월~12월로 구획할 수 있다. 그러나 대한민국의 계절 추이로 볼 때, 이와는 몇 달의 시차가 존재한다. 대체로 봄은 3월~5월, 여름은 6월~8월, 가을은 9월~11월, 겨울은 12월~2월 정도로 나누어 보는 것이 현실적이다. 지리적으로 중국(中國) 중원(中原)의 기운과 시·공간의 차이로 볼 때, 상당한 편차가 있다.

어쨌건, 1년 12개월 가운데 10월은 대부분의 사업가들에게는 4/4분기이고, 3/4분기까지의 사업을 종합하며 정돈하는 시기이기도 하다. 절기(節氣)로는 한로(寒露)에 접어든다. 한 해의 결실을 맺고 수확을 하며, 겨울의 한랭한 기운만큼, 성장을 최소화하고, 고요하게, 내년 봄을 준비하는 시기다.

주희는 『주역본의』 "건(乾)"괘의 풀이에서 '원형이정(元亨利貞)'의 개념을 깔끔하게 정돈했다.

> "원(元)은 크게 될 가능성이다. 형(亨)은 두루 미치고 훤히 비추며 꿰뚫어 나가는 일이다. 이(利)는 마땅하게 자리 잡는 상황이다. 정(貞)은 바르게 되어 굳어지면서 단단해지는 정돈 상태이다."[3]

정이의 『역전』에는 보다 풍부한 의미를 담아 다음과 같이 해석하고 있다.

> "원(元)·형(亨)·이(利)·정(貞)을 네 가지 덕이라 한다. 원(元)은 모든 존재가, 처음으로, '비롯되는 모습'이다. 형(亨)은 모든 존재가 '자라나는 일'이다. 이(利)는 모든 존재가 이르러 '마치는 상황'이다. 정(貞)은 모든 존재가 이루어 '정해지는 상태'이다. 이는 일을 어떻게 처리하느냐에 따라 바뀐다. 그러므로 원(元)은 오로지 좋은 일이 크게 될 가능성이 되고, 이(利)는 바르게 되어 굳어지고 단단해지는 상태를 이루는 기본이 되며, 형(亨)·정(貞)은 그 격식이 제각기 발생하는 일에 맞게 한다. 때문에 네 가지 덕의 뜻이 넓고 크다!"[4]

이 풀이에서도 '원형이정'은 아주 단순한 논리로 정돈되어 있다. 원(元)은 모든 존재가 처음으로 비롯되는 모습이고, 형(亨)은 그것이 자라나는 일이며, 이(利)는 그것이 자기 속성에 따라 자신에게 이르러 마치는 상황이다. 그리고 정(貞)은 그런 과정을 거쳐 이제 이루어 정해지는 상태다. 간략하게 말하면, 원은 시초이자 시작이고, 형은 발전이자 성장이며, 이는 성숙이자 성취이고 정은 완성이

---

3) 『周易本義』"乾": 元, 大. 亨, 通. 利, 宜. 貞, 正而固也.
4) 『易傳』"乾": 元亨利貞, 謂之四德. 元者, 萬物之始. 亨者, 萬物之長. 利者, 萬物之遂, 貞者, 萬物之成. 隨事而變焉. 故 元, 專爲善大. 利, 主於正固. 亨貞之體, 各稱其事. 四德之義, 廣矣大矣.

자 완결이다. '봄-여름-가을-겨울'을 거치며 만물이 성장하듯이, 그 우주 자연의 섭리를 문자로 표현하였다. 곡식의 경우, 봄에는 씨앗을 뿌리고 여름에는 줄기와 가지와 잎이 무성하게 자라고, 가을에는 수확하고, 겨울에는 다시 내년 봄을 위해 저장하는 그런 이치이다.

교육의 논리도 동일하다고 판단한다. 인간이라는 인격체를 무게 중심을 두고, 그 씨앗을 뿌리고 가꾸고 열매 맺고 저장하고, 수확한 것 가운데 상당수는 삶을 위해 영양으로 보충하고, 다시 씨앗을 뿌리고, 이 평생의 과정이 삶을 이룬다. 인생(人生)! 그것은 그저 그러할 뿐이다. 역사상 수많은 사람이 얼마나 알찬 열매를 수확하고 저장하며 다시 뿌렸을까?

아무리 생각을 거듭해도, 역(易)에 대한 관심이 지속되어 온 것은, 이런 논리를 인생에 반영하여 합당한 지혜를 구하려는 삶의 몸부림이었다는 판단밖에는 다른 의미를 떠올리기 힘들다. 정말 역의 세계를 옹호한 사람들의 진심이 그런 게 아니었을까?

기존에 한글로 번역한 『주역』의 대부분은, 이 '원-형-이-정(元-亨-利-貞)'을 '크다-형통하다-이롭다-곧다'와 같이, 점(占)을 쳐서 나온 결과를, 길흉(吉凶)의 논리에 맞추어, 삶의 진리처럼 제시하는 듯하다. 하지만, 나는 그렇게 이해해서는 곤란하다고 판단한다. 그것은 계절의 순환처럼, 우주 자연이 질서에 따라 운행하듯이, 인간이 삶의 변화무쌍한 상황을 합당하게 처리해 나가기 위해, 어떤 사태에 부딪치건, 대응(對應)하고 호응(呼應)하는 자세나 태도를 점검하는, 소중한 생애의 사업이다.

그 원형질(原形質)의 하나가 '교육'이다. 그러기에 교육은 인간 생명을 지속하려는 활동의 기초가 된다. 기초를 다진 만큼, 인간 생활을 영위하는 물질적·의식적 바탕을 형성하는 데 기여한다. 이런 차원에서 교육은 '삶의 원형질'을 조성하는 거룩한 사업이리라!

03

생기유행生氣流行의 순환

인간은 각자의 자리에서, 다양한 '변(變)-화(化)'를 경험한다. 몸소 느끼면서, 움츠리고 펴는 삶의 순간을 맞이한다. 그 과정에서 성명(性命)의 전개와 발달이 삶을 형성한다. 크게 보면, 인생은 그런 일의 축적과 소멸을, 상황에 따라 다채롭게 진행하는 과정일 뿐이다. 이러한 '원-형-이-정'에 관해, 주희는 다시, 다른 표현으로 전개한다. 그 풀이는 보다 사실적이다. 구체적인 만큼 현실성을 더해준다.

"전체를 꿰뚫어서 논의하면, 원(元)은 사물이 처음 생기는 모습이다. 형(亨)은 사물이 펴지면서 우거지는 일이다. 이(利)는 열매를 맺으려는 상황이다. 정(貞)은 열매가 맺은 상태이다. 열매가 맺은 다음에는 그 뿌리와 꼭지가 떨어지므로 다시 심어서 싹이 날 수가 있다. 이렇게 되는 까닭은 네 가지 덕인 '원(元)-형(亨)-이(利)-정(貞)'이 되풀이 하여 돌며 끝이 없기 때문이다. 그러나 '원-형-이-정' 네 가지 덕의 사이에 생명력을 머금은 기운이 흘러, 처음부터 조금이라도 그치거나 끊어지는 일이 없으니, 원(元)이 '원-형-이-정'의 네 가지 덕을 포괄하여 우주자연의 이치를 통합하는 근거로 작용한다."[5]

---

5) 『周易本義』"乾"'彖': 統而論之, 元者, 物之始生. 亨者, 物之暢茂. 利則向於實.

‘원-형-이-정’은 계절의 순환에 비유되며, 그 특성이 구명되었다. 원(元)은 물건이 처음 생기는 모습이다. 형(亨)은 사물이 번창하고 무성하게 자라는 일이다. 이(利)는 열매를 맺으려고 나아가는 상황이다. 정(貞)은 열매가 완성되는 상태이다. 이런 유기체(有機體: organism)로서의 ‘원-형-이-정’은 순환을 업그레이드(upgrade)하며 반복한다. 단순 반복이 아니다. 승화(昇華)를 거치는 순환이기에 ‘창조적 진화(創造的 進化: L’evolution creatrice)’이다.

‘창조적 진화’는 베르그송(Henri Bergson, 1859~1941)이 강조한 생철학(生哲學)의 사유이다. 베르그송은 서양 전통철학의 ‘기계론’과 ‘목적론’을 모두 비판했다. 생명의 진화는 생의 약동이다. 그 약동으로서 창조적 진화를 통해 적응하는 인간의 삶은 기계론적이고 수동적으로 적응하는 것도 아니고, 목적론적이고 능동적으로 적응하는 일도 아니다. 그저 생애의 욕망이 만들어 내는 창조적 적응이다! 여기에서 인간의 지성은 진화의 최고 산물이다. 하지만 실재하는 진정한 모습의 생명, 그 창조적 진화를 인식할 수는 없다. 인간의 지성은 행동하는 데 필요한 물질적 적응에서 생기므로, 지성이 생명 자체를 파악할 수 없기 때문이다. 이에 반해 인간의 본능은 원래 생명의 공감이다. 따라서 해방된 지성을 매개로 자아를 의식한다면 생명을 직관하는 수준에 이를 수는 있다. 생명의 절대적이고 창조적 활동, 그것은 지성을 넘어 직관되어야 한다. 이때 모든 현실이 하나의 생성이 된다. 모든 세계는 운동이고 약진이다.[6] ‘원-형-이-정’의 순환이 이와 닮아 있지 않은가!

貞則實之成. 實之既成, 其根蒂脫落, 可復種而生. 四德之所以循環而无端. 四者之間, 生氣流行, 初无間斷, 以包四德而統天.

6) 박홍규, 『베르그송의 창조적 진화 강독』, 민음사, 2007, 참조.

다시 강조한다. '되풀이 하여 돌아가는' 순환은 단순 반복이 결코 아니다. 무기력하고 사무적인, 쳇바퀴처럼 돌아가는 사태가 아니라 생명력으로 활기찬, 질적 성장을 거듭하며 돌아가는 상황이다. 때문에 완성된 열매는 사멸(死滅)하는 존재가 아니다. 다시 심어서 태어날 수 있는, 생환(生還)을 거듭하는 생생(生生)의 존재이다. 존재의 창조적 탄생! 이른 바 '생생지위역(生生之謂易)'이다. 생기유행(生氣流行)이 끊임없이 이어지는, 존재 사이를 교착(交錯)하는 밀착된 사랑이다.

인간의 일상은 그러한 순간을 배회(徘徊)한다. 일상을 의미 있는 삶으로 전환하려는 장치를 교육이라 한다면, 교육은 목적 없이 떠도는 배회가 아니라, 목적 있는 생기유행(生氣流行)을 추구해야 한다. 그럴 때 『주역』은, 최고의 교육상황을 연출하는, 비룡(飛龍)의 교육철학으로 날아오르리라.

04

합리合理를 추구하는 시공간

어쩌면, 인간은 '원-형-이-정'의 틀을, 그 유기체적 시스템을 원초적 신앙으로 간직하고 있는지도 모른다. 우주자연이나 삶의 어떤 사안을 비유하더라도, 이 논리에 포섭되지 않는 것이 없을 정도다. 이 거대한 원리, 이치의 체계가 정말 위대한 세계 인식의 장치일까? 주희가 또 다른 양상으로 정돈한 내용을 보며, 고민해 본다.

> "원(元)은 이 세상의 존재가 생명력을 갖추는 처음에 해당한다. 우주자연에 축적되어 있는 존재의 힘이 이보다 먼저 자리하는 것은 없다. 그러므로 때[계절]에 적용하면 봄이 되고, 사람에게 응용하면 인(仁)이 되어 모든 착함의 으뜸으로 작동한다.
> 형(亨)은 이 세상의 존재가 생명력을 지속적으로 자라나게 하는 일에 해당한다. 세상의 존재가 이런 상황에 이르면, 모두 아름다운 모습으로 보인다. 그러므로 때[계절]에 적용하면 여름이 되고, 사람에게 응용하면 예(禮)가 되어 모든 아름다움의 모임으로 작용한다.
> 이(利)는 이 세상의 존재가 생명력을 승화하여 다시 이루는 작업에 해당한다. 세상의 존재가 제각기 마땅한 정체성을 얻어 서로 방해하지 않는다. 그러므로 때[계절]에 적용하면 가을이 되고, 사람에게 응용하면 의(義)가 되어 그 분수의 조화를 얻는 기능으로 작용한다.

> 정(貞)은 이 세상의 존재가 새로운 생명력으로 재탄생하며 완성하는 작업에 해당한다. 알맹이에 결이 갖추어져 자리하는 곳에 따라 제각기 충족한 상태이다. 그러므로 때[계절]에 적용하면 겨울이 되고, 사람에게 응용하면 지(智)가 되어 모든 일의 핵심이 된다."[7]

이 풀이에서 주요 개념을 정돈하면, '원(元)-형(亨)-이(利)-정(貞)'이 '시(始)-통(通)-수(遂)-성(成)'이 되고, 그것이 또한 '덕(德)-지(至)-의(宜)-비(備)'가 된다. 그리고 또 '춘(春)-하(夏)-추(秋)-동(冬)'은 '인(仁)-예(禮)-의(義)-지(智)'가 되고, 그것은 또한 '선장(善長)-미회(美會)-분화(分和)-사간(事幹)'으로서 특성을 가지게 된다.

이때 '원(元)-형(亨)-이(利)-정(貞)'은 우주의 질서 자체를 보여주는 상징이다. 기호이기도 하다. '시(始)-통(通)-수(遂)-성(成)'은 '원-형-이-정'의 속성이나 성격이다. '덕(德)-지(至)-의(宜)-비(備)'는 그 속성의 활동 효과나 결과이다. '춘(春)-하(夏)-추(秋)-동(冬)'은 계절이나 절기로 드러나는 또 다른 표현이다. '인(仁)-예(禮)-의(義)-지(智)'는 인간의 윤리, 즉 도덕성을 그 성격에 비추어 안배한 덕목이다. '선장(善長)-미회(美會)-분화(分和)-사간(事幹)'은 윤리의 실천 양상이다. 우주자연에서 인간사회로 이어지는 저 합리를 추구하는 시공간을 어떻게 인식해야 할까? 상당히 막막하다.

정말이지, 이 변화의 논리에 감춰진 인생의 가치는 어디에서 흐르고 있을까? 저 창공(蒼空)의 여로(旅路)를 종횡(縱橫)으로 달리고

---

7) 『周易本義』"乾"'文言': 元者, 生物之始, 天地之德, 莫先於此. 故於時爲春, 於人則爲仁而衆善之長. 亨者, 生物之通, 物至於此, 莫不嘉美. 故於時爲夏, 於人則爲禮而衆美之會. 利者, 生物之遂, 物各得宜, 不相妨害. 故於時爲秋, 於人則爲義而得其分之和. 貞者, 生物之成, 實理具備, 隨在各足. 故於時爲冬, 於人則爲智而爲衆事之幹.

있을까? 이 대지(大地)의 유곽(遊廓)을 종점(終點)으로 돌리고 있을까? 교육의 '원-형-이-정'이 자리할 수 있다면, '어떤 때-무슨 처방'을 요청할까? 정해진 처방은 별도로 없다! '원-형-이-정'의 생명이치를 합당하게 처리하고 처신하는 삶, 그 수용만이 남은 것이 아닐까?

05

힘쓰며 지속하는 자강불식自彊不息의 삶

『주역』“건”괘 ‘상(象)’에 의미심장한 기록이 있다. 우주자연의 질서가 인간사회의 법칙으로 내려와 자연과 인간의 연속적 지평을 마련한 지점이다.

> “하늘의 운행이 튼튼하다. 굳세다! 교육받은 인격자, 품격을 갖춘 지도급 인사가 그것에 근거하여, 인간의 삶을 ‘스스로 힘쓰고 쉬지 않는다!’”[8]

그 유명한 ‘자강불식(自彊不息)’이다. 『주역』을 본격적으로 접한 대학 시절부터 줄기차게 외우며, 내 학문의 이력을 다듬게 만든 언표 가운데 하나이다. ‘자(自)-강(彊)-불(不)-식(息)’! 이 네 글자가 뿜어내는 빛줄기는 너무나 강렬하다. 에너지가 넘쳐흐른다. 저 쉬지 않는 속살과 그 자질을 따라가다 보면, 교육의 논리가 광명(光明)처럼 다가온다.

정이는 『역전』에서 다음과 같이 풀이했다.

---

8) 『周易』“乾”‘象’: 天行, 健. 君子以, 自彊不息.

> "건의 도가[乾道]가 모든 존재를 덮어주고 기르는 모양이다. 그것은 너무나 커서 최고의 인격적 존재가 아니면 직접 파악하여 실천할 수 없는 사안이다. 때문에 사람들 누구나 그것에 근거하여 모범을 삼으려고 했기에, 그 우주 자연의 운행(運行)이 튼튼한, 즉 굳센 모습을 취했을 뿐이다. 진정으로 튼튼한 그 모습에서 우주 자연의 길을 볼 수 있다. 교양을 갖춘 인격자가 이에 근거하여 '스스로 힘써 쉬지 않는 자세'를 지니는 것은, 우주 자연이 운행하는 질서, 즉 튼튼한, 저 굳셈을 삶의 모델로 본받기 때문이다."[9)]

이런 의미를 바탕으로, 주희도 의미를 다져 나갔다. 보다 현실적이고 역동적인 성격을 불어 넣었다.

> "단지, 하늘의 운행, 즉 우주 자연의 질서라고 해버리면, 본질을 놓치기 쉽다. 우주 자연의 운행은 하루에 한 번 돌고, 다음날 또 한 번 돌아, 끊임없이 중복적으로 지속되는 모양이다. 이 순환은 너무나 튼튼한 양상, 즉 굳셈이 아니면 이루어질 수 없는 역동성에 기인한다. 교육 받은 사람, 그 인격적 존재는 이런 우주 자연의 기운을 충분히 감지한다. 그리고 자연의 순수함이 지닌 강한 삶의 지혜를, 인간의 욕망에 의해 바닥으로 추락하는 삶이 되지 않기 위해, 스스로 힘쓰고 쉬지 않는 학문과 인생을 이어간다!"[10)]

이런 차원에서, '자강불식(自彊不息)'은 교육의 최전선이다. 수

---

9) 『易傳』"乾"'象': 乾道, 覆育之象. 至大, 非聖人, 莫能體, 欲人皆可取法也. 故取其行健而已. 至健, 固足以見天道也. 君子以, 自彊不息, 法天行之健也.

10) 『周易本義』"乾"'象': 但言天行則見其一日一周而明日又一周, 若重複之象. 非至健, 不能也. 君子法之, 不以人欲害其天德之剛, 則自彊而不息矣.

많은 인간 사회의 관계 속에서 홀로 감당해 나가야 하는 삶의 본질이다. 교육을 통해 숭고한 도덕성을 갖추려는 사람, 높은 지위를 성취하려는 인간, 이들은 스스로를 강하게 만들기 위해 쉬지 않는 인생을 영위하고 있으리라! 교육으로 도달할 수 있는 최고의 인격자가 윤리를 갖춘 인생이라면, 자신이 해야 할 일에 힘써 노력해야 한다. 그것은 당연지사(當然之事)에 불과하다. 그 당연지사는 인격자가 도모해야 하는 교육의 길일 뿐이다. 자강불식! 참 말하기 쉽다. 하지만, 이 어마어마한 말을 어떻게 감당해야 하는가? 이 노력은 인생의, 또는 교육의, 숙명인가 운명인가?

06

인격 함양과 사업 실천의 진덕수업進德修業

앞에서 언급한, '자강불식(自彊不息)'과 더불어 학문의 이력을 채찍질하는 언표가 또 하나 있다. '진덕수업(進德修業)'이다. "건"괘의 '문언(文言)'에는 다음과 같이 기록하고 있다.

> "구삼(九三)에서, '교육 받은 인간으로 인격을 제대로 갖춘 지도급 인사가 하루 종일 애쓰고 힘써 저녁에 이르기까지 두려운 마음으로 삶에 대처하면, 위태로운 상황이 발생할 수도 있으나 허물은 없다.'라고 했다. 이 무슨 말인가? 공자가 말하였다. '교육 받은 인간은 인격을 지향하고[進德] 사업을 승화[修業]해 나간다. 충실과 신뢰가 인격을 지향하는 근거이고, 말에서 그 성실함 묻어나오는 일이 사업을 제대로 하는 근거이다. 이르러야 할 곳이 어디인지를 알아 이르므로 더불어 기미를 알 수 있고, 마쳐야 할 곳이 어디인지를 알아 마치므로 더불어 의리를 보존할 수 있다. 이 때문에 윗자리에 있어도 교만하지 않고 아랫자리에 있어도 근심하지 않는다. 그러므로 애쓰고 힘써, 때에 따라 두려워하면, 위태로우나 허물이 없다."[11]

---

11) 『周易』"乾"'文言': 九三曰, 君子終日乾乾夕惕若厲无咎, 何謂也. 子曰, 君子, 進德修業. 忠信, 所以進德也. 修辭立其誠, 所以居業也. 知至至之, 可與幾也, 知終終之, 可與存義也. 是故居上位而不驕, 在下位而不憂, 故乾乾, 因其時而

진덕(進德)과 수업(修業)은 '인격 함양'과 '사업 실천'에 해당하는 교육의 본령이다. 그것은 인간됨과 인간다움에 관한 지향이자 인간으로서 담당해야 임무에 관한 사안이다. 개인의 덕성(德性)과 사회적 사무(事務)의 적극적 구현이다.

정이에 『역전』에 의하면, 진덕(進德)은 '충실과 신뢰를 쌓는 일'이다. 수업(修業)의 과정에서 제대로 사업(事業)에 복무하려면, 말을 가려서 하고 뜻을 돈독히 해야 한다. 그것이 직무에 종사하는 바람직한 자세이다. 이르러야 할 곳을 알아 이르는 것은 『대학』에서 말하는 '치지(致知)'에 해당한다.

이는 이르러야 할 곳이 어디인지 '알려고 찾은[求知]' 다음에 이르는 작업이다. '앎[知]'이 '함[行]'보다 앞에 있다. 그러므로 더불어 낌새를 안다고 한 것이다. 마쳐야 할 곳을 알아서 마친다는 말은 '힘써 하는 일[力行]'이다. 마쳐야 할 곳을 안 다음에 힘써 나아가 마쳐야 한다. 그러기에 지키는 일은 앎의 뒤에 자리한다. 그러므로 더불어 의리를 보존하는 일이 된다. 이것이 다름 아닌 교육의 시작과 종결이다. 교육받은 사람의 교육이 이와 같다. 때문에 위와 아래에 처하는 도리를 알고, 교만하거나 근심하지 않고 게을리 하지 않는다. 두려워할 줄 알고, 위태로운 자리에 있어도 허물이 없다.

머무르는 곳, 그 자리라는 것이 무엇일까? 『주역』"간(艮)"괘에서는 이러한 머무름을, '때에 맞게 머무를 적에 머무르고, 때에 따라 갈 적에 가는', 즉 있을 자리에 머물러 있고 갈 자리에 가는, 때를 잃지 않은 것으로 묘사한다.[12] 『대학(大學)』에서는 이런 최고선의 경지를 간략한 노래를 통해 설명한다.

惕, 雖危, 无咎矣.

12) 艮, 止也, 時止則止, 時行則行, 動靜不失其時.

"나라의 경계가 천리/사람들이 머물러 사는 곳이로다./ 꾸우욱 꾹 우는 노란 새/저 언덕배기에 머물렀도다./깊고 높으신 문왕이시여!/아! 계속하여 밝히고 공경하시어 머무르셨다./ 임금이 되어서는 인(仁)에 머무르시고/신하가 되어서는 경(敬)에 머무르시고/자식이 되어서는 효(孝)에 머무르시고/부모가 되어서는 자(慈)에 머무르시고/사람과 사귐에는 신(信)에 머무르셨다."[13]

인간은 자기가 속한 공동체에서 일하며 행복하게 살고 싶어 한다. 그것이 그들의 이상이다. 새는 산언덕의 나무나 숲이 우거진 곳에 보금자리를 튼다. 이는 존재의 본분, 새의 속성과 관련된다. 특히, 고대의 훌륭한 지도자인 문왕(文王)을 예로 들어, 진정한 지도자가 머물러야 하는 경지의 극치를 보여준다. 다섯 가지의 당위 규범, '인(仁)·경(敬)·효(孝)·자(慈)·신(信)'은 머물 자리의 덕목 특성을 지시한다. 이는 인간이 각자의 자리와 위치, 역할과 기능 속에서 자신의 마음을 설정하는 작업과 동일하다. 사람마다 지니고 있는 역할과 본분의 이행!

『대학』에서는 이런 머무름의 바탕이 되는 인격자의 교육 과정과 방법을 '절차탁마(切磋琢磨)'와 '슬한혁훤(瑟僩赫喧)'으로 표현한다.

"자르는 듯하고 깎는 듯하며, 쪼는 듯하고 가는 듯하다. 엄밀하고도 굳세며, 빛나고도 점잖다."[14]

---

13) 『大學章句』"傳3章": 邦畿千里, 惟民所止. …… 緡蠻黃鳥, 止于丘隅. …… 穆穆文王, 於緝熙敬止, 爲人君, 止於仁, 爲人臣, 止於敬, 爲人子, 止於孝, 爲人父, 止於慈, 與國人交, 止於信.

14) 『大學章句』"傳3章": 如切如磋, 如琢如磨. 瑟兮僩兮, 赫兮喧兮.

이는 학문과 공부, 즉 인격 함양의 전반적 모습을 상징한 것이다. 스스로 행실을 닦음과 마음이 두려워하는 것, 겉으로 드러나는 행위의 조절!

'절차탁마(切磋琢磨)'에서, 절(切)은 자르는 데 칼과 톱을 이용하고, 탁(琢)은 망치와 끌로 쪼고 다듬는 일이다. 그리고 차(磋)는 줄과 대패로 반듯하게 다듬고, 마(磨)는 모래와 돌을 가지고 매끈하게 가는 일이다. 뼈와 뿔을 다루는 사람은 잘라 놓은 다음에 다시 이것을 갈며, 옥과 돌을 다루는 사람은 쪼아 놓은 다음에 다시 간다. 자르는 데 칼과 톱을 이용하고 가는 데 줄과 대패를 이용하는 것은 모두 물건을 매만져서 형체를 만드는 작업이다. 아울러 쪼는 데 망치와 끌을 사용하고 가는 데 모래와 돌을 이용하는 작업은 물건을 광택이 나도록 만드는 일이다. 형체를 만들고 그것을 다시 광택이 나도록 만드는 일은, 비유하자면, 내심으로는 엄밀하고 꿋꿋하며, 겉으로 드러날 때는 성대한 모양이다.

'슬한혁훤(瑟僩赫喧)'에서, 슬(瑟)은 조심하고 공경하며, 한(僩)은 웅장하고 위엄 있는 모양이다. 혁(赫)은 불빛이 활활 타오르고, 훤(喧)은 그 불빛이 크게 비치는 모양이다. 이는 아름다운 덕행과 옥석의 조용하고 우아함을 형용한 말로, 그것이 불빛처럼 환하게 밝아지는 것을 상징한다.[15]

이처럼 최고의 자리에 머무르는 최고선의 상황은, 끊임없는 노력을 바탕으로, 도달되는 경지이다. 마땅한 것, 사물에 걸맞은 어떤 것이 있고, 그것을 제대로 쓰는 동시에, 빛나는 사물을 만들기 위해

---

15) 『大學章句』"傳3章"註: 切以刀鉅, 琢以椎鑿, 皆裁物使成形質也. 磋以鑢鍚, 磨以沙石, 皆治物使其滑澤也. 治骨角者, 旣切而復磋之, 治玉石者, 旣琢而復磨之, 皆言其治之有緖而益致其精也. 瑟, 嚴密之貌, 僩, 武毅之貌, 赫喧, 宣著盛大之貌.

적절한 방법으로 노력하는 것 자체이다. 교육의 과정도 이와 마찬가지이다. 교육의 기본적인 틀을 배우고 익히고 습득한 후에는 그것을 세련되게 하는 작업, 즉 응용하고 적용하고 새로운 것을 창조하는 정교화 작업이 수반되어야 한다.

이런 노력의 과정은 도학(道學)과 자수(自修)로 실천된다. 인격자로서 갖춘 내면적 덕성과 밖으로 나타난 용모는 순율(恂慄)과 위의(威儀)로 드러난다. 도학은 위에서 말한 절차(切磋)이고 자수는 탁마(琢磨)이다. 순율은 슬한(瑟僩)이고 위의는 혁훤(赫喧)에 해당한다.[16] 도학은 교육의 기본 과정이자 틀이다. 이에 비해 자수는 그것을 스스로 체득하고 자기화하는 작업이다. 그런 노력을 통해 삼가고 두려워하며 몸을 움츠리면서도 엄격한 용모를 갖추게 되고, 존경하지 않고는 못 배길 정도의 법도에 맞는 행위자로 거듭난다. 이는 지도자 교육의 구체적인 원리로, 최고선을 지향하는 근본 이유를 가르쳐주고 실천 방안을 마련해 주며 성취의 모습을 보여준다.

다시 강조하면, '절차', 즉 '자르는 듯하고 깎는 듯하다.'라는 말은 강습하고 토론하여 자신의 지식을 넓히고 연구하는 일을 가리킨다. '탁마', 즉 '쪼는 듯하고 가는 듯하다.'라는 말은 자신을 깊이 성찰하여 착한 인생으로 나아가려는 내적 노력에 비유된다. '슬한', 즉 '엄밀하고 굳세다.'라는 말은 두려워 떨면서 스스로를 깊이 경계하는 정신이다. '혁훤', 즉 '빛나고도 점잖다.'라는 말은 외모에 나타나는 태도나 풍채가 위엄 있고 예의에 맞아 당당한 모습을 말한다. 요컨대, 지식과 실천이 축적되고 터득되어 몸에 가득히 배어있는 인

16) 『大學章句』「傳3章」: 如切如磋者, 道學也, 如琢如磨者, 自修也, 瑟兮僩兮者, 恂慄也, 赫兮喧兮者, 威儀也.

격자의 전형으로 살아난다.

이런 차원에서 제자리에 머무름은, 단순히 멈추어 있는, 고정된 어떤 형태로 자리하는 형이하의 사물이 아니다. 일상에서 호흡하며 가장 적절한 삶을 지속하는 인생이다. 중요한 것은 절차탁마의 과정과 슬혜혁훤의 달성을 통해, 그것을 지속 가능한 삶의 생명력으로 이어가는 사업이다. 그래서 인생을 '대사업'이라 한다.

그 다른 표현이 '진덕(進德)-수업(修業)'이다. 진덕(眞德)과 수업(修業; 居業)을 둘러싼, 교육의 맥락을 놓고, 주희는 다시 강조한다. 충실과 신뢰는 마음에서 주장한다. 그런 만큼 한 생각이라도 성실하지 않음이 없다. 말로 한 것은 일에 나타난다. 그런 만큼 한 마디 말이라도 성실하게 내 놓지 않을 수 없다. 충실하고 신뢰하는 마음이 있더라도, 말 가운데 성실함이 묻어나오지 않으면, 인생의 제자리에 머물지 못한다. 이르러야 할 곳을 알아 이르는 것은 진덕(進德)의 일이다. 마쳐야 할 곳을 알아 마치는 것은 거업(居業)의 일이다. 때문에 인간은 종일토록 애쓰고 힘써 저녁에 이르기까지 두려워하는 자세를 지닌다.

이 '진덕수업(進德修業)'의 공부 논리 가운데, 교육의 엄중함이 엿보인다. 충실과 신뢰를 마음에 품고 '진덕'을 고민하는가? 말과 뜻이 누적되는 '수업'을 고려하는가? 그대 인생은 어디에서 서성이는가?

07

품격과 행실의 연속성, 성덕위행成德爲行

'행위(行爲)'가 그 사람이 어떤 존재인지를 지시한다. 즉 어떤 사람의 행위를 보면, 한 사람의 인생을 알 수 있다는 언표이다. 비트겐슈타인(Ludwig Josef Johann Wittgenstein, 1889~1951)은 말했다.

> "누군가의 가치관이나 선악(善惡)의 기준을 알고 싶다면, 그 사람에게 질문하는 것보다 훨씬 간단하고 정확한 방법이 있다. 그것은 그 사람이 무엇에 대해 자주 미소 짓는지 눈여겨보는 것이다. 무엇에 대해 어떻게 행동하는가? 어떤 것이 좋아 손아귀에 넣는지, 늘 먹는 것은 무엇인지, 어떤 것을 물끄러미 응시하는지, 무엇에 마음이 빼앗기는지. 그 사람의 행동 전부가 그 자신을 표현한다."[17]

정말, 가감 없이, 인간의 품격이 행실로 나타날 수 있을까? 행실이 윤리에 부합한다면, 그 도덕적 행위가 사회에 만연할 수 있을까? 물론, 교육은 그런 존재의 이상을 꿈꾼다. 그 한계는 어디까지 일까? 그런 교육의 기준이 됨직한 언표로 '성덕위행(成德爲行)'을 들 수 있다.

---

17) 시라토리 하루히코(박재현 옮김), 『비트겐슈타인의 말』, 인벤션, 2015, 169쪽.

> "교육받은 인간은 인간의 품격을 이루는 작업을 행실(行實)로 삼는다. 매일 볼 수 있는 삶의 태도가 행실이다."[18]

교육을 받지 못한 경우, 인간의 품격을 거론하지 못할 단계의 인간은, 아직 인간으로서 행실을 구현할 만한 인격적 차원에 이르지 못했다! 그들에게는 교육이 절대적으로 요청된다. '덕(德)'으로 상징되는 인간의 품격 형성을 신중하게 고민해야 하는 것이다. 그 덕성이 삶의 행위 바탕이 되기 때문이다.

정이는 『역전』에서 말한다. 인간으로서 품격, 즉 덕(德)이 이루어지고, 그 직접적 효과가 드러나는 것은 행실에서이다. 문제는 '인간의 품격이 어느 정도 형성되어야 사회에 제대로 베풀어져 쓸 수 있는가?'라는 점이다. 행실이 윤리적 차원에서 이루어지지 않았을 경우, 행위에서 올바르게 드러나지 못한다. 때문에 그런 존재는 사회에서 쓸 수 없다! 왜냐? 사람은 되었으나 사람다운 사람으로 성장하지 않았기 때문이다.

성취한 덕[成德]을 바탕으로 현실에서 행동할 때[爲行], 구체적으로 고민해야 할 사안이 있다. 결국은 '언행(言行)'의 문제이다. '언고행, 행고언(言顧行, 行顧言)'! 행동을 돌아보면서 말을 하고, 말을 돌아보면서 행동하라! 오류를 범하지 않도록, 잘못이 없도록, 노력하는 공부 이외 무엇이 있겠는가!

---

18) 『周易』"乾』'文言': 君子以, 成德爲行. 日可見之行.

08

배움과 물음의 사랑 노래, 학문관인學問寬仁

교육은 이론인가? 실천인가? 이론과 실천이 균형을 이룬 사회적 구현인가? 그 철학적 논리를 아주 간략하면서도 체계적으로 정돈한 '16자 교육양식'이 『주역』에서 강조된다.

"교육받은 인간은, 배워서 모우고, 물어서 나누며, 너그럽게 자리하고, 사랑으로 베푼다."[19)]

'배움[學]'과 '물음[問]'과 '너그러움[寬]'과 '사랑[仁]'으로 이어지는, 저 삶의 저변에 뿌려진 교육의 양식은 무엇인가? "학이취지(學以聚之), 문이변지(問以辨之), 관이거지(寬以居之), 인이행지(仁以行之)!"라는 16자에 담긴 교육철학의 논리가 무엇을 지향하는가? 그것은 '학(學: 배움)-문(問: 물음)-관(寬: 너그러움)-인(仁: 사람 사랑)'의 핵심가치를 교육에서 구현하여, 교육받은 사람으로 성장하는, 자아에서 사회에 이르는 교육의 정도(正道)이다.

인간은 모두가 일상(日常)을 살아간다. 그것은 철저하게 공동체(共同體)를 형성하고 있는 다양한 사회 가운데의 삶이다. 사회의 저

19) 『周易』"乾』'文言': 君子, 學以聚之, 問以辨之, 寬以居之, 仁以行之.

아랫자리에서 인간으로서, 인격체로서의 가능성은 모든 존재에게 이미 드러나 있다. 그런데 아직 인격 함양이 부족하고 사업을 담당할 만한 능력을 구비하지는 못했다. 그런 상황에, 교육철학적 사유가 적극적으로 개입할 수 있는 것은, 앞에서 언급한 '자강불식(自彊不息)'이자 '진덕수업(進德修業)'이다.

'배워서 지식을 모우는 작업'인 '학이취지(學以聚之)'와 '물어서 판단하고 분별하는 능력을 갖추는 공부'인 '문이변지(問以辨之)'는 진덕(進德)에 해당한다. '너그러운 자세로 자신의 자리를 지키는 행위'인 '관이거지(寬以居之)'와 '인간 사회를 사랑으로 대하며 베풀어 나가는 행동'인 '인이행지(仁以行之)'는 수업(修業)에 해당한다. 이런 철학 이외에 어떤 논리가 교육의 과정에서 따로 개입될 수 있을까?

'학(學)-문(問)-관(寬)-인(仁)!' 이 네 가지로 대표되는 삶의 양식이 인간의 품격을 형성하는 핵심 가치는 아닐까? 16자 교육양식과 내용상 동일하지는 않지만, 소크라테스와 플라톤의 교육에 관한 다음과 같은 견해가 이해를 돕는다.[20]

과학과 철학에 대한 인간의 탐구는 가르치는 사람과 배우는 사람과의 밀접한 협력이 이루어지는 학교나 사회에서나 모두 가능했다. 처음부터 그리스인은 주요한 진리를 적어도 암암리에 이해했다. 그들은 학문이 지식을 잘라 파는 것이 아니라고 생각하였다. 물론 이와 같은 생각도 조금은 있었을 것이다. 그러나 그것은 교사의 유일한 기능도 아니고, 가장 중요한 기능도 아니다. 실제로 이것은 옛날보다도 오늘날의 교육에서 보다 명백하다. 옛날에는 오늘날보

20) 버트란트 러셀(정광섭 옮김), 『서양의 지혜』, 동서문화사, 2017, 120-123쪽, 참조.

다 기록된 문서가 드물어서 구하기 힘들었다. 현재는 글을 읽을 수 있는 사람이라면 누구나 도서관에서 지식을 모을 수 있다! 옛날에 비하면 교사가 단순히 지식만을 전달할 필요성은 줄어들었다. 교사의 역할은 학생이 자신의 눈으로 사물을 볼 수 있도록 이끌어 주는 일이다.

그러나 스스로 생각할 수 있는 방법을 배우는 일은 누구나 갖추고 있는 능력이 아니다. 능력은 개인의 노력과 이들 노력에 방향을 제시할 수 있는 좋은 지도자의 도움으로 얻어야 한다. 이것이 오늘날 대학 교육에서 볼 수 있듯이, 학생이 교수의 지도를 받으면서 학문을 연구하는 방법이다. 대학에서의 고등교육은 독립적인 정신 습관을 길러 주고, 시대의 편견이나 선입견을 갖지 않는 탐구 정신을 함양해 주어야 한다. 독립정신과 탐구정신을 어느 정도까지 갖추고 있는가에 따라서, 그 올바른 기능을 얼마만큼 수행할 수 있느냐가 판가름 난다. 이 과제를 수행하지 못하면 주입식으로 교육하는 수준으로 떨어진다. 동시에 이와 같은 실패는 한결 심각한 결과를 불러온다. 용기가 없든, 훈련을 받지 못하든, 독립적인 사고방식이 사라진 곳에는 선전과 권위주의의 독초가 멈출 줄 모르고 널리 퍼지기 때문이다. 그러므로 비판을 억누르는 것은 많은 사람들이 실감하는 것보다 훨씬 심각하다. 사회가 통합해서 공동의 목적을 이루기는커녕 맥 빠지고 깨지기 쉬운 획일성을 국가에 강요한다.

따라서 교육이란 교사의 인도를 받으면서 혼자 힘으로 생각하는 작업이다. 프랑스의 철학자 소렐은 철학이란 본디 지혜를 사랑하는 일이 아니라 '친구의 지혜'를 사랑하는 일이라고 말했다. 이것이 그러하든 그렇지 않든, 적어도 과학과 철학은 고립된 개개의 노력에 의해서가 아니라, 전통에 따라서 발전한다는 것을 강조한다. 한 인간이 삶의 각종 사태에 부딪혔을 때, 적절하게 반응하도록 가르치기만 해서는 곤란하다. 그것을 위해 쌓아올린 지식은 근거가 없는, 검토되지 않은 것이다.

학습의 과정이란 이전의 세상에서 외우고 있다가 그 뒤 잊어버렸고, 이를 다시 생각해 내는 일이다. 상기(想起)하는 일, 또는 아남네시스(anamnesis)의 관념은 영혼이 육체에 싸여 있는 상태와 육체를 벗어난 상태를 번갈아 경험한다는 견해에 근거를 두고 있다. 육체를 이탈한 영혼은 잠들어 있는 것과 같고, 때문에 그것이 눈을 뜨고 있는 상태, 즉 육체에 싸여 있는 상태로 있을 때는 전생에서 배운 것도 기억나게 된다.

이 지점에서 소크라테스는 메논의 한 노예 소년에게 질문을 하였다. 소년은 일반적인 그리스어에 대한 지식 외에는 전혀 교육을 받지 못했다. 그러나 소크라테스는 간단한 질문을 하는 것만으로, 이 소년에게서 일정한 정사각형 넓이의 두 배가 되는 정사각형을 그리게 하는 데 성공한다. 그러나 이 설명이 완전히 아남네시스 이론을 증명한다고 볼 수는 없다. 소년이 헷갈릴 때마다 모래에 도형을 그려서 소년에게 자기의 잘못을 알아내게 하는 것이 소크라테스의 참다운 교육이었다. 이 모습을 보면, 교육 상황이 아주 정확하게 기술되어 있다. 참다운 학습을 낳는 것은, 소년의 사례에서 보는 것처럼 학생과 교사 사이의 상호 작용이다. 이런 뜻에서 학습은 하나의 변증법적 과정이다. 여기서 말한 교육 이론은 학습이나 철학과는 달리 회화에 그 흔적을 남겼다. 우리는 하나의 문제에 대한 관심이 생기면, 눈이 뜨였다거나 환기되었다고 말한다. 이는 관용어가

발달하면서 볼 수 있는 일반적 현상의 한 사례이다. 보통의 언어는 과거부터 내려온 단편적인 철학적 사고가 고인 곳이다.

아남네시스 이론은 영혼의 불멸을 증명하려고 소크라테스가 사용한 것이었다. 기억 작용을 가르치는 교육의 경우, 정신분석 요법이 과거의 기억을 생각나게 한다는 이 관념에 바탕을 두고 있다는 것도 주목할 만하다. 정신분석은 비교적 신비적인 요소가 포함되어 있지만, 교육과 치료와 연관되어 있다. 이런 점에서, 소크라테스에게 교육이란 넓은 뜻에서 영혼의 치료였다.

교육은 지식에 이르는 과정이며, 따라서 '선'에 이르는 과정이기도 하다. 이와 같이 자유로운 삶의 방식이 지식과 통찰력으로 얻어진다면, 무지(無知)는 자유를 방해하는 것으로 여겨도 무방하다.

09

시중時中으로 가는 길목

정말, 교육이 인간을 인간답게 형성(形成)하거나 조성(造成)할 수 있을까? 교육철학을 연구하면 할수록, 회의(懷疑)가 넘쳐흐른다. 지진(地震)의 전야(前夜)처럼 고요하게, 내 학문의 지반(地盤)을 움직인다. 속이 울렁거릴 정도로 교육이라는 사업에 의심이 가기도 한다. 어쩌면, 쇼펜하우어(A. Schopenhauer, 1788~1860)와 같은 비관주의 철학자들이 강조하는 것처럼, 인간의 능력은 선천적으로 유전적 요인에 의해 결정되어 있기 때문에, 성장을 위한 교육은 의미 없는 작업이 될 수밖에 없는지도 모른다!

그런데 왜 우리는 끊임없이 교육을 하면, 성장을 하고, 인간답게 되고, 성공을 한다고 생각하는 걸까? 아이러니가 아닐 수 없다. 쇼펜하우어는 말한다. "교육의 궁극적인 목표는 성장이 아닌 개조에 있다!"

> "어린 시절 인간의 경험은 인간의 두뇌가 활동을 멈출 때까지 소중하게 보관된다. 기성세대는 성장과정을 통해 몸소 여러 가지를 체험했기에, 자라나는 청소년들에게 그들이 아직 경험으로 파악하지 못한 미지의 개념을 주입하려고 달려든다. 이를 다른 말로 '교육'이라고 표현한다. 이런 점에서 교육의 기본은 가치판단의 강제적 주입이다.

인간은 지식과 더불어 지성이 필요하다. 지식이 인식이라면 지성은 의지이다. 인식은 객관화를 추구하고 의지는 주관화를 추구한다. 지식은 수동적이고 지성은 능동적이다. 인간의 인식이 성장하는 과정을 추적해보면, 먼저 '나'를 인식하고, 그 후에 '나'와 비슷한 타인을 인식한다. 그리고 인간이 아닌 '그 외'의 것을 인식하고, 그 외의 것에서 인간의 삶에 영향력을 행사하는 '사물'을 인식하게 된다. 이 사물에는 법과 질서, 윤리, 정치사상도 포함된다.

그런데 인식 과정에 타인이 개입한다면 어떻게 될까? 개인의 근간이 무너지거나 의미 없는 것으로 전락할 위험이 크다. 개인이 타인으로 변질되는 것이다. 지식은 도덕과 마찬가지로 외부에서 규정한 관습을 그대로 따라가서는 안 된다. 인간의 본성이 스스로 발현할 수 있도록 배려하고 기다려야 한다.

우매한 인간으로 태어난 아이는 현명한 사람이 되지 못한다. 바보가 그의 본성이기 때문이다. 우매한 인간성을 강요하여 개조한다는 것은 사회가 강조하는 평등으로 포장될 수 없다. 그렇게 강제한다면 이는 엄연한 폭력이다. 그러므로 우매한 인간으로 태어난 존재는 그렇게 살다가 죽을 수 있도록 기다려 주어야 한다. 천재로 태어난 인간은 천재적 재능을 발휘하며 고독하게 죽어가도록 배려해 주어야 한다.

사람이 나이가 들수록 고집불통으로 변한다. 이유는 간단하다. 강제로 수용된 인식보다 개인의 야만적 의지가 생의 욕구에 더욱 부합한다는 사실을 깨달았기 때문이다. 그러기에 적어도 40세까지는 교육에서 소외될 필요가 있다.

인생은 옷감과 같다. 처음에는 그 위에 수놓은 무늬를 보고 가격을 흥정한다. 그러나 막상 옷을 입고 다니다 보면, 내 몸에 맞는 옷인지 아닌지가 더 중요하다. 내 몸에 맞지 않는 화려한 무늬의 겉옷은 비싼 값을 주고 산만큼 쉽게 내다 버리지 못한다. 대신, 옷장 한구석에 넣

> 어 두고 보관할 뿐이다. 이런 형국은 이 시대의 훌륭한 교육의 수혜자들이 그들 자신의 삶에 특별한 발전과 만족을 느끼지 못하는 것과 같다. 옷에 난 바늘 자국과 꿰맨 흔적이 도드라지더라도, 그것이야말로 살아온 증거이다. 교육이 우리를 가난한 신분에서 구원해줄 수는 있다. 하지만 가난이라는 모습을 우리의 삶에서 영원히 추방하지는 못한다."[21]

쇼펜하우어의 사유에 기대지 않더라도, 그렇다면, 교육은 기망(欺罔)의 상징인가? 삶의 저변에 자리하고 있다고 신뢰해온 교육의 역사가, 무의미한, 불교에서 말하는 무상(無常)의 세계를 여는 장치였던가? 그래도, 비관적 절망보다는 낙관적 희망을 안겨주는 것이, 인간의 삶을 평온(平穩)하게 인도하는 작업이 아닐까? 그런 사유를 자발적으로 강압하면, 교육의 지향도 다시 성찰할 기회를 가질 수 있지 않을까?

『주역』"건"괘 '문언'의 언표를 빌리면, 교육을 통해 가꾸어갈 수 있는 인간의 모습이 보일 듯도 하다. 물론, 그것은 아주 오래된, 전통 교육철학의 인간상으로 대변되는, '대인(大人)'이라는 존재이다.

> "대인(大人)이란 우주자연과 그 덕성(德性)이 동일하다. 해와 달이 밝은 만큼 밝다. 사계절과 그 질서가 같다. 펴고 오므리는 세상의 특성과 좋고 나쁜 일이 번갈아 든다. 자연보다 먼저 어떤 사안을 다루어도 자연의 이치를 어기지 않고, 자연보다 나중에 어떤 사안을 자연스레 때에 따른다!"[22]

---

21) 쇼펜하우어(김욱 편역), 『쇼펜하우어 아포리즘』, 포레스트북스, 2023, 참조.
22) 『周易』"乾』'文言': 大人者, 與天地合其德. 與日月合其明. 與四時合其序. 與鬼神合其吉凶. 先天而天弗違, 後天而奉天時.

이해를 위한 의역(意譯)을 해 보았다. 천지(天地)와 일월(日月)과 사시(四時)와 합할 수 있는, 그 이법(理法)과 질서(秩序)에 어긋남이 없이 하나가 되는, 그런 인간의 세계! 정적(靜寂)과 요동(搖動)의 사이에서 역동적(力動的: dynamic)으로 발광(發光)하는 저 세상을 점잖게 맞이하는 인간 존재! 그가 다름 아닌, '교육받은 인간'이라 명명할 수 있는, 대인(大人)이다.

단순하게 말하면, '대인(大人)'은 '소인(小人)'의 상대어다. '소인'을 '어린 사람(child: kid)'으로 안배한다면, 대인은 어른, 즉 '성인(成人: adult)'이다. 그런데 '어른'이 뭘까? 다른 동물들처럼 생물학적으로 몸집이 다 자란 사람을 뜻하는가? 그것도 어른이기는 하다. 하지만, 교육적으로 '어른'은 조금 다른 고차원적 의미를 지닌다. '고상한 인간(noble man)'이나 '신사(紳士: gentleman)', '도량이 넓고 관대한 인간(magnanimous man)'으로서 사회에 기여하는 존재이다.

'합(合)'이라는, '만나고 어긋남이 없는' 존재의 지향을 중심으로, 다시 대인(大人)의 속성을 정돈하면, 대인(大人)은 '천지합덕(天地合德). 일월합명(日月合明). 사시합서(四時合序). 귀신합길흉(鬼神合吉凶)!'이다. 즉 인간으로서 덕성을 높이고, 세상을 환하게 밝히고, 세계의 도리와 질서를 존중하고, 펼쳐지는 일의 긍정적이고 부정적 사안을 고려하는 존재이다. 그것은 '선천후천(先天後天), 불위봉시(弗違奉時)!'라는, 우주자연의 질서를 거역(拒逆)하지 않고, 때에 알맞게 삶을 구현하는, '시중(時中)'으로 가는 길목을 예약한다.

10

대인大人의 도리

교육을 통해 도달하려는 인간을 '교육적 인간상'이라고 한다. 그것은 유학에서 '성인군자(聖人君子)'로 표현되기도 하고, '대인(大人)'이나 '대장부(大丈夫)'로 요청되기도 한다. 성인군자의 경우, 천인관계(天人關係), 즉 우주자연의 이치나 질서를 통해 인간사회의 법칙을 정돈하려고 고심하였다. 우주자연은 진실하다! 그러므로 인간사회는 그것을 따라 건전함을 도모해야 한다. 이는 교육의 논리로도 적용되었다. 최고지도자인 임금은 우주자연의 질서인 천(天)에 해당하고, 일반 사람인 백성은 인간사회의 법칙인 인(人)에 해당한다. 그러므로 수양(修養; 修身)을 통해 우주자연의 질서 체계를 갖춘 임금은 그것을 인간에게 배려할 의무와 책임을 지니고 있었다. 이것이 '교화(敎化)', 또는 '덕화(德化)'라는 형태로 드러났다. 덕을 갖춘 인간으로서 성인군자는 우주자연과 인간사회의 이법(理法)을 체득한 인간이다. 그들에게는 교육할 수 있는 권한이 부여된다. 이때 교화의 방법은 다양하다. 하지만 교화 이전에 언제 어디서나 자기 수양, 이른바 수신(修身)을 통해 미덕(美德)을 충실히 확보하는 작업이 선행되었다.

그렇다면, 대인(大人)의 길은 불변의 법칙처럼 고정되어 있는가? 『역전』의 풀이는 너무나 당연한 듯, 그런 세계로의 안착을 유도한다.

> "'대인(大人)이 천지(天地), 일월(日月), 사시(四時), 귀신(鬼神)과 더불어 합한다.'라는 말은 '자연의 이법을 따라 인간의 도리를 맞추는 일'이다. 천지(天地)는 우주자연의 질서 체계이고, 귀신(鬼神)은 이치에 따라 만들어진 우주만물의 자취이다. 성인(聖人)이 하늘보다 먼저 하여도 하늘이 이에 같이 하고, 하늘보다 뒤에 하여도 하늘을 따를 수 있는 것은 바로 그런 질서에 맞추는 일일 뿐이다. 자연의 이법에 맞추면, 사람과 귀신이 어찌 이런 질서를 어길 수 있겠는가!"[23)]

'도(道)'는, 말 그대로 길이다. 천지(天地)로 상징되는 우주자연의 길! 그것은 조금도 어긋남이 없이 질서정연하게 이치대로 움직인다. 자연의 길과 인간의 길이 만나는 지점에서 '합어리(合於理)', 흔히 말하는 '합리성(合理性)'이 자리한다. 특히, 인간사회는 우주자연의 길을 모방(模倣)한다. 아니, 그것에 적극적으로 다가가, 자신의 삶을 자연과 동일한 질서로 만들고 싶어 한다. 그것이 다름 아닌, '천인합일(天人合一)'의 요청이다. 옛날 이런 인식 체계로 삶을 영위했던 사람들은, 그런 사유를 진리처럼 여겼던 것으로 보인다. 최소한 몇 천 년 동안은. 그것이 주역에서 비롯되는 교육적 가치관을 형성했으리라.

---

23) 『易傳』"乾": 大人, 與天地日月四時鬼神合者, 合乎道也. 天地者, 道也, 鬼神者, 造化之跡也. 聖人, 先於天而天同之, 後於天而能順天者, 合於道而已. 合於道則人與鬼神, 豈能違也.

11

대인大人의 사욕私慾 경계

『주역』에서 대인(大人)은, 수시로 효사(爻辭)에 등장하는 '이견대인(利見大人)'을 통해 존재의 무게를 확인할 수 있다. '이견대인(利見大人)!', '대인을 만나보는 것이 마땅하다!' 이 언표는 '스승[師傅: 先生]'이나 '멘토(Mentor)'가 인생에서 얼마나 중요할까? 경험이 적고 미성숙한 어린 사람, 또는 어리석은 인간들에게, 오랜 기간에 걸쳐 수행되는 조언이나 도움을 베풀어 주는 배려 작업이 삶에 보람을 가져다 줄 수 있을까? 어쩌면 현대적 의미의 '상담(相談)'이 어떤 중요성을 갖는지와 대비될 수도 있다. 스승이나 멘토는 경험이 풍부한, 유경험자이고, 선배이자 어른이다. 주희는 『주역본의』에서, 이런 대인의 속성을 조금 더 친절하게 풀이한다. 축약하여 의역하면 다음과 같다.

"덕성을 지니고 있으면서, 그에 해당하는 지위를 가져야 대인이다. 인간은 본래 우주자연이나 그것이 펼쳐는 굴곡(屈曲)의 파장과 동일한 본질 및 현상을 지니고 있다. 문제는 인간이다. 인간은 개인의 욕망이 넘쳐나는, 지나친 욕심에 휩싸인 일상을 영위하며, 그런 사욕(私慾)에 가려 자신의 인생을 비참하게 전락시킬 수 있다! 그만큼 세상의 잡다한 모습이나 상황에 속박되어 스스로 삶의 소통을 방해한다. 하지만

> 대인(大人)은 그렇지 않다. 사욕이 없다! 그것이 그가 지향하는 인간의 길이다. 삶의 본질이다. 이런 점에서 그 길은 피차(彼此)도 없고 선후(先後)도 없다. 그저 그 이치에 따라 묵묵히 자기 길을 갈 뿐이다. '하늘보다 먼저 실천해도 하늘을 어기지 않는다!'라는 '선천불위(先天不違)'는, 마음에 생각하는 여러 사안이 자연스럽게 우주자연의 질서에 따른 인간사회의 길과 어긋나지 않음을 뜻한다. '하늘보다 뒤에 실천해도 하늘을 받든다!'라는 '후천봉천(後天奉天)'은, 이치가 이와 같음을 알고 그것을 존중하여 이행해 나가는 사업을 뜻한다."[24)]

이 지점에서 '사욕(私慾)'을 처리하는 작업이 교육의 핵심 가치로 부각된다. 그러기에 유학에서 교육적 인간상인 '성인군자'나 '대인'은, '자연의 이치를 보존하고 인간의 욕망을 억누른다!' 이른 바 '존천리알인욕(存天理遏人欲)!' 또는 '존천리거인욕(存天理去人欲)'이다. 한 마디로 말하면, '욕망(欲望)의 조절'이다. 조심(操心)하는 삶의 자세를 열정적으로 정돈하는 교육은 어떠한가!

24) 『周易本義』"乾": 大人, 德而當其位. 人與天地鬼神, 本无二理. 特蔽於有我之私. 梏於形體而不能相通. 大人, 无私, 以道爲體, 曾何彼此先後之可言哉. 先天不違謂意之所爲, 默與道契. 後天奉天, 謂知理如是, 奉而行之.

12

학습學習과 순습順習

‘자율(自律: autonomy)’과 ‘타율(他律: heteronomy)’은, 크게 보면, 인간이 행위를 진행하는 두 가지 양식이다. 사전적 개념으로 이해해도, 자율은 “남의 지배나 구속을 받지 않고 자기 스스로의 원칙에 따라 어떤 일을 하는 자세”이다. 그런 만큼, 자신을 통제하고 절제할 수 있는 역량을 확보할 수 있다. 타율은 “자신의 의지와 관계없이 정해진 원칙이나 규율에 따라 움직이는 태도”이다. 그런 만큼, 타자의 지배나 구속에 익숙해질 수 있다.

교육은 어떤 역량을 함양하는 사업일까? 얼핏 보면, 타율에서 벗어나 자율로 나아가는 길을 가리키는, 일방통행의 훈육(訓育)으로 이해할 수도 있다. 하지만 그런 일방적 상황을 고려하는 것은 매우 위험한 생각이다. 인생은 ‘자율적으로만’, 또는 ‘타율적으로만’ 살아가는 여정이 결코 아니다! 때로는 자율이 때로는 타율이, 생애를 ‘살아가고 살아지고’, ‘인내하고 극복하고’, 또 ‘견뎌내고 찾아가는’ 선택의 질서 가운데 놓여 있기 때문이다.

그렇다면, 다시, 교육은 어떤 자세와 태도에서 이루어지는 인생 사업일까? 나 스스로 배워나가는 행위일까? 모범이 되는 사람의 행위를 좇아가며, 따라서 익히는 작업일까? 내 몸에 굳건하게 배도록, 익숙하게 일하는 행동의 의미를 지시하는 언표가, 『주역』“곤(坤)”에서 아주 간략하면서도 명징(明澄)하게 드러난다. “서리를 밟으면 단단한 얼음으로 된다!”[25]라는 곤괘 첫 번째 효를 해석하는 자리에서이다. 정이의 『역전』과 주희의 『주역본의』에서는 다음과 같이 풀이한다.

> “음(陰: - -)이 처음 한 곳에 엉겨 뭉쳐 서리가 된다. 이 서리를 밟으면 밟을수록 음(陰)이 점점 채워져 단단한 얼음으로 되는 것을 알아야 한다. 이는 소인(小人)이, 처음에는 아주 미약하지만 자라나면서 조금씩 채워나가는 것과 같은 논리이다.”[26]

> “음(陰: - -)과 양(陽: —)은 우주자연의 이치에 따라 세상의 모든 존재를 빚어내는 근본이다. 때문에 서로가 서로에 대해 존재의 가치를 지니지 않을 수 없다. 사라지고 자라나는 질서가 체계적이고 일정하다. 그런 만큼 인간이 마음대로 덜어내고 보탤 수 있는 사안이 아니다. 하지만 양(陽)은 ‘낳음[生]’을 주장하고 음(陰)은 ‘죽임[殺]’을 주장하기에, 그 부류에 따라 선(善)과 악(惡)의 분별이 있다.”[27]

이 모습을 ‘상(象)’에서는 이렇게 기록하고 있다.

> “‘서리를 밟으면 단단한 얼음으로 된다!’라는 말은 음(陰)이 처음 한 곳에 엉겨 뭉친 것이다. 그 길은 자연스럽게 조금씩 누적되고 쌓이면서 점차 이루는 방향으로 나아가 단단한 얼음이 되는 것에 이른다.”[28]

---

25) 『周易』“坤”: 履霜, 堅冰至.

26) 『易傳』“坤”: 陰之始凝而爲霜, 履霜則當知陰漸盛而至堅冰矣. 猶小人始雖甚微, 不可使長, 長則至於盛也.

27) 『周易本義』“坤”: 夫陰陽者, 造化之本, 不能相无, 而消長有常, 亦非人所能損益也. 然陽主生, 陰主殺, 則其類有淑慝之分焉.

28) 『周易』“坤”‘象’: 履霜堅冰, 陰始凝也. 馴致其道, 至堅冰也.

정이는 이에 대해, 다음과 같이 독해한다. “음(陰)이 처음 한 곳에 엉기고 뭉쳐져 서리가 된다. 이것이 점점 누적되어 채워지면 단단한 얼음에 이른다. 소인(小人)이 미약하지만 자라나면서 조금씩 점차로 채워지는 논리이다. 그러므로 인생 초기에 처음부터 경계한 것이다. 자연스럽게 이루어 나가는 작업, 즉 ‘순(馴)’은 ‘익힘’이다. 익혀서 채워나가는 일이다. 그것은 ‘그대로 따르는 행동’을 유발한다.”[29] 주희는 『주역본의』에서 “자연스럽게 이루어 나가는 작업을 ‘좇아서 익히는 일’이다.”[30]라고 했다.

이 지점에서 ‘습(習)’의 문제는 교육을 재생(再生)한다. ‘익히다’라는 의미를 품은 ‘습(習)’은, 교육에서 ‘학습(學習)’, ‘예습(豫習)’, ‘복습(復習)’, ‘습관(習慣)’ 등과 같이, 다양한 양상으로 표현된다. 이때 여기에서, 이 ‘익힘’이란 무엇일까? 그것은 ‘배움[學]’과 어떤 차원으로 연결되어 있을까? 『논어』의 첫 구절에서도 “학이시습지불역열호(學而時習之不亦說乎)!”라고 하지 않았던가!

‘습(習)’은 궁극적으로 내가 되고 싶어 하는 사람이 될 수 있도록 돕는다. 자신에 대한 가장 깊은 믿음을 계발하는 최고의 수단이다. ‘교육’은 이 지점에서 ‘습관’과 동의어이다. 예습이건 복습이건 학습은, 습관을 통해 교육을 건전하게 만든다. 하지만 중요하게 인식해야 할 사안이 있다. 습관을 체득(體得)하는 것만으로는 개선(改善)이 일어나지 않는다. 계속하여 조정(調整)해 나가야 한다. 그 과정에서 숙고(熟考)와 복기(復棋)는 올바른 일에 시간을 쓰고, 그 과정에서 필요할 때마다 수정(修整)을 하게 만든다. 이렇게 습관을 반복

---

29) 『易傳』“坤”: 陰始凝而爲霜, 漸盛則至於堅冰. 小人雖微, 長則漸至於盛. 故戒於初. 馴, 謂習, 習而至於盛, 習, 因循也.

30) 『周易本義』“坤”: 作初六履霜, 馴, 順習也.

하는 일은 인간 정체성의 증거를 쌓는 일이다. '체득-조정-숙고-복기-수정!' 이 지난한 과정은 결국, '나 자신이 습관!'이라는 인간 형성의 논리를 심는다.[31]

아직 습관이 제대로 형성되지 못한 '소인(小人)', 이 인간을 '교육받지 못한 존재'로 환언한다면, 그는 '서리가 점차 얼음이 되듯이', 처음에는 미약하지만 자라나면서 점차 채워져야 마땅하다. 그래야 교육받은 인간으로 성장한다. 문제는, 함부로 자라나 마구 채워져서는 곤란한 상황이 제기될 수 있다는 점이다. 성장(成長)과 성숙(成熟)의 지향이 엉뚱한 경우, 인간됨이나 인간다움을 보장하기 어려울 수 있다! 그것은 교육의 시작 단계에서, 심각한 성찰을 요구한다. 어떤 사안이건, 교육받지 못한 존재의 첫 행위 단계에서는, 경계하고 조심하며, 긴장의 끈을 이완하지 않으려는 노력이 요청된다.

그것이, 교육이라는 이름하에 '익히는 양식'에 관한, '습(習)'에 대한 반성(反省)을 열망한다. '그대로 따르는 행동', 즉 '인순(因循)'은 내키지 않아 머뭇거리는 행동이다. 낡은 인습을 버리지 않고 지키려는 행위이다. 교육은 인습(因襲)의 고수가 아니라 혁신(革新)을 지향해야 한다. 단순하게 '좇아서 익히는 일'은 '순습(順習)'이다. 그것이 소인(小人)의 어리석은 행위와 결합될 때, 교육이 지시하는 방향은 어디에 있는가?

31) 제임스 클리어(이한이 옮김), 『아주 작은 습관의 힘』, 비즈니스북스, 2019, 참조.

13

내외직방內外直方의 인품학

성리학(性理學)의 정곡(正鵠)을 찌르는 한 마디가 있다. '경의(敬義)!'라는 언표이다. 『주역』"곤""문언'에 그 정확한 풀이가 등장한다.

> "직(直)은 그 바름이다. 방(方)은 그 옳음이다. 교육받은 인간은 경(敬)을 통해 안을 곧게 하고, 의(義)를 통해 밖을 방정하게 만든다. 경(敬)과 의(義)가 확고히 서면 덕(德)이 외롭지 않다!"32)

정이의 풀이는 교육받은 인간의 당위적 차원을 고려한다. 경(敬)을 핵심 가치로 내세워 자신의 내면을 올바르게 다져라! 의(義)를 중심으로 외면을 반듯한 자세로 만들어라! 그러면 경(敬)이 확립되어 안이 곧아지고, 의(義)가 나타나 밖이 방정해진다. 의(義)는 밖에 나타나는 차원이지, 밖에 있는 존재가 아니다. 경(敬)과 의(義)가 확고하게 선 다음, 그 덕(德)이 성대해진다. 커지기를 기약하지 않아도 커지기 때문에 덕(德)이 외롭지 않다. 일상에서 활용하는 사안마다 여기저기 미치지 않는 곳이 없다. 베푸는 일마다 이롭지 않음이

---

32) 『周易』"坤"'文言': 直. 其正也. 方, 其義也. 君子, 敬以直內, 義以方外. 敬義立而德不孤.

없다![33]

주희(朱熹)는 이런 상황을 '배움'으로 상정한다. "'경이직내(敬以直內), 의이방외(義以方外)'는 '배움'으로 말한 것이다. 직(直)은 본체를 이르고 의(義)는 재제(裁制)를 이르며, 경(敬)은 본체를 지키는 작업이다. 불고(不孤)는 온전하게 두루 갖춤을 의미한다."[34] 즉 마음이라는 중심을 잡고, 질서에 맞게 잘 정돈하며, 세상을 밝게 비추시라! 교육의 열정은 이에 대한 몰입에 다름 아니리라.

---

33) 『易傳』"坤": 直, 言其正也. 方, 言其義也. 君子, 主敬以直其內, 守義以方其外, 敬立而內直, 義形而外方, 義, 形於外, 非在外也. 敬義旣立, 其德盛矣. 不期大而大矣, 德不孤也. 无所用而不周, 无所施而不利, 孰爲疑乎.

34) 『周易本義』"坤": 此, 以學而言之也. 正, 謂本體, 義, 謂裁制, 敬則本體之守也. 不孤言大也. 疑故, 習而後利, 不疑則何假於習.

14

양정養正과 계몽啓蒙의 힘

“몽(蒙:䷃)”괘는 『주역』 64괘 가운데 교육을 직접적으로 지시하는 상징적인 괘이다. 그 핵심은 ‘마음을 옳고 바르게 닦는’, ‘바른 자세를 기르는’ 작업이다. 그런 의미를 대변하는 표현이 ‘양정(養正)’이다.

“어릴 때, 바른 자세를 기르는 일은, 가장 사람다운 인간이 되는 공부이다!”[35]

‘몽(蒙)’은 아직 개발(開發; 啓發)되지 않은, 어린, 또는 어리석은 인간의 상태이다. 어떤 잡다한 것도 섞이지 않은 ‘순수(純粹) 그 자체’이다. 이 개발되지 않은 가능성으로서의 몽(蒙)! 그 바름을 기르는 작업이, 다름 아닌, 가장 온전한 인간의 길로 나아가는 공부이다. 교육의 원천이다.

교육에서, 어릴 때 개발해야 하는 이유는 간단하다. 개발된 사안의 ‘경직성(硬直性)’ 때문이다. 뻣뻣하게 된 것은 다시 새롭게 만들기 어렵다. 즉 무언가 개발된 다음에, 어떤 사안을 권고하거나 금지하면, 거부하기 쉽고 감당하기 어렵다. 때문에 어릴 시절에 바른 태

35) 『周易』“蒙”: 蒙以養正, 聖功也.

도를 기르는 일은, 배움의 과정에서 매우 의미 있는 경험적 이론이다. 어쩌면, 배움의 원리(原理)이자 정도(正道)가 그러하다. 계몽양정(啓蒙養正)! 어리석음을 덮어 버리고 올바른 도덕을! 또는 어리석음을 깨치고 올바른 윤리의 길을 터득하는 일!

15

용기로 실천하는 과행육덕果行育德

『주역』“몽”의 모습은 “산 아래서 샘물이 나오는 것이다. 교육받은 사람은 이를 근거로 행실을 과단성 있게 하며 인격을 기른다!”[36]

정이(程頤)의 풀이는 과감하게 교육해 나가는 작업을 적극적으로 옹호하는 듯이 보인다. 산 아래서 샘물이 졸졸 흘러나오는데, 어렵고 험한 일을 만나 갈 곳 없는, 헤매는 형상이 몽(蒙)의 모습이다. 이는 인간도 마찬가지이다. 사람이 몽매무지한 경우, 갈 곳을 모른다. 이에 교육받은 인간은 행실을 과단성 있게 하고 인격을 기른다. 샘물이 졸졸 흘러나오고 있는데도 물이 어디로 흘러가야 하는지 잘 모르고 어쩔 줄 몰라 하는, 막히는 상황에 직면하면, 이를 보고 과단성 있게 터 준다. 마찬가지로, 처음 세상에 나와서 어디로 가야할지 모르고 헤매며, 지향점이 없는 사람을 보면, 그들의 품격을 높여가려는 마음을 가질 수밖에 없다![37] 그것은 인간이 ‘교육적 본능’을 지녔다는 의미이다.

칸트(Immanuel Kant, 1724~1804)가 피력한 것처럼, ‘인간은 교

36) 『周易』“蒙”: 山下出泉, 蒙. 君子以, 果行, 育德.
37) 『易傳』“坤”: 山下出泉, 出而遇險, 未有所之, 蒙之象也. 若人蒙稱, 未知所適也. 君子觀蒙之象, 以果行育德, 觀其出而未能通行, 則以, 果決其所行. 觀其始出而未有所向, 則以, 養育其明德也.

육적 동물이다!' 인간은 교육받아야 할 유일한 피조물(被造物)이다. 인간은 교육을 통해서만 인간이 될 수 있다. 인간은 오로지 교육의 산물이다. 인간은 처음부터 선(善)을 위한 자신의 소질을 계발해야 한다. 신(神)의 섭리는 그것을 완성된 형태로 인간에게 심어놓지 않았다. 신이 준 것은 도덕성에서 차이가 없는 단순한 소질일 뿐이다. 자기 자신을 개선(改善)하는 일, 자기 자신을 도야(陶冶)하는 일, 그리고 어떤 인간이 악(惡)하다면, 스스로의 도덕성을 키우는 일, 이것이 인간이 해야 할 인생의 과업이다.[38]

이런 논리를 예감이라도 하듯이, 주희는 조금씩 나아가 완성을 추구하는 점진적 태도로 교육의 과정을 드러낸다. 정이의 과단성 있게 나아가는 감성까지도 포용하는 듯이 말이다.

> "샘은 물이 처음 나오는 곳이다. 때문에 반드시 조금씩 흘러나오면서 점차적으로 흘러간다!"[39]

처음 나오는 것은 아주 미미하면서도 조금씩이지만, 그 처음의 어린 만큼, 또는 어리석음의 순진함만큼 '과감하다!' 어리석은 정도를 따라 점차적으로, 흘러서 나아가는, 저 민첩(敏捷)과 점진(漸進)의 사이 세계를 구축하려고 온몸을 던진다. 그것은 용기 아닌 용기이다. 어떤 일을 잘 하기 위해 아동이 낑낑대는 모습에서 용기의 밑그림이 보인다. 이런 애쓰는 아동의 용기가, 정말 교육을 유발할까? 그렇게 과감(果敢)하고 인내(忍耐)하는 세월을 감당하는 일이 학문

---

38) 임마누엘 칸트(프리드리히 테오도르 링크 엮음, 박찬구 옮김), 『교육론』(칸트전집 13), 한길사, 2021, 참조.
39) 『周易本義』"蒙": 泉, 水之始出者. 必行而有漸也.

일까? 교육이란? 그것을 감당할 용기란? 다시 개념 인식의 난관에 봉착한다.

16

품격을 갖춘 호응呼應

『주역』"몽"의 다섯 번째 효(爻)는 "'어리석은 아이'여서, 괜찮다!"[40]이다. 그에 관한 주희의 해석이 눈길을 끈다. 『주역본의』의 풀이는 간단명료한 것 같으나 의미심장하다.

다섯 번째 효, 즉 육오(六五)는 음(--)이고 위 괘의 중간에 있기 때문에, '부드러우면서도 가운데 자리하고 있는', '유중(柔中)'으로 표현되고, 높은 자리로 상징되는 '존위(尊位)'에 앉아 있다. 그러면서도 아래 괘의 두 번째 효, 즉 구이(九二)의 양(—)에 호응한다.

이는 음양(陰陽)의 어울림이다. 플러스(+)와 마이너스(-)의 불꽃 튀기는 교합(交合)이다. 자석의 N극과 S극이 달라붙는 열정의 화신이다. 고위 존재의 배려와 하위 존재의 따름이 자연스럽게 서로 끌어당기는 '줄탁동시(啐啄同時)'의 호응(呼應)이다. 불교의 사례이기는 하지만, 줄탁동시는 '달걀이 부화할 때, 병아리가 계란의 안쪽에서 쪼고 어미 닭이 바깥에서 껍질을 쪼아 그 시기가 딱 들어맞을 때, 달걀 껍질이 깨지고 새 생명이 탄생한다.'라는 의미이다.[41] 이것이 최고의 교육 상황이요 최적의 교육 작용이자 역할과 기능을 보여준다. 이와 동일한 차원은 아니지만, 유사한 논리로 『예기(禮記)』

40) 『周易』"蒙": 童蒙, 吉.
41) 『碧巖錄』: 子啐母啄, 子覺無殼, 子母俱忘, 應緣不錯, 同道唱和.

에서는 '교학상장(敎學相長)'이나 '효학반(斆學半)'을 제기하며, 교육철학의 백미를 드러낸다.

이런 사유와 실천의 양상은, 『주역』"몽"괘의 "순일미발(純一未發), 이청어인(以聽於人)"으로, 그 함축성을 더한다. '순일미발(純一未發)'은 '어떤 것도 섞이지 않고 순수한 상태로 아직 개발되지 않은 인간'을 의미한다. '이청어인(以聽於人)'은 '품격을 제대로 갖춘 인간을 기다리고, 받아들이고, 따른다.'는 뜻이다.

이 지점에서 교육은 간략하게 정돈된다. '순수(純粹: pure)에서 받아들이는 인간의 품격(品格: dignity)!'

17

첫 기획의 고심, 작사모시作事謀始

『주역』“송(訟)”‘상(象)’에, 일을 기획하고 실천하는 방식에 관한, 즉 삶을 처리해 나가는 양식에 대한, 의미심장한 기록이 등장한다. 인간 사회의 일반적 정서를 심각하게 지적한 상징적 표현이지만, 교육적으로 염두(念頭)에 두어야 할 언표이다.

> “하늘과 물이 어긋나게 가는 모양이 ‘송’괘이다. 교육받은 인간은 이를 근거로, 일을 하되 처음부터 제대로 기획하여 실천해 나간다!”[42]

‘송(訟)’괘에서 ‘송(訟)’은 일반적으로 말하는 ‘소송(訴訟)’이나 ‘쟁송(爭訟)’이다. 인간 사회의 각종 ‘다툼’을 의미한다. ‘다툼’은 ‘갈등(葛藤)’ 상황의 다른 이름이다. 달리 표현하면, 투쟁을 의도적으로 일으키는 분쟁이다. 예고되거나 계획된 싸움이랄까? 그것은 적대적(敵對的) 삶의 자세이자 대립(對立)이며 불화(不和)이다. 하지만 이런 부정적 차원의 관념, 어쩌면 쟁송(爭訟) 행위 자체가, 인간 사회의 인지상정(人之常情)인지도 모른다.

정이는 다음과 같이 풀이한다.

42) 『周易』“訟”‘象’: 天與水違行, 訟. 君子以, 作事謀始.

> "하늘이 지닌 속성은 위로 올라가고 물의 속성은 아래로 흘러간다. 서로 어긋나게 가서 두 몸체가 어그러진다. 이것이 쟁송하는 이유이다. 위아래가 서로 거스르지 않는다면, 쟁송이 어디에서 일어나겠는가! 교육받은 인간은 이런 모양새를 보고, 인간 사회라는 곳은 본질적으로 다툼이 존재하는, 투쟁의 산실임을 파악했다. 그러므로 어떤 일을 할 때, 반드시 처음부터 제대로 기획하여 분쟁의 발단을 끊어버려야 한다. 아니면 최소화 할 수 있는 장치를 마련하려고 한다. 그렇게 했을 때, 쟁송은 쉽게 발생하지 않는다. 처음부터 기획하고 계획하며 도모하는 뜻이 넓어야 하므로, 사람들 사이에 교제를 신중히 하고, 문서를 분명히 하는 등, 시작을 단단하게 만들어야 한다!"[43]

인간 사회의 모든 행위는 근원적으로 어긋남을 배태(胚胎)하고 있다. 서로 어긋나는 상황에서 일을 할 수 밖에 없는 것이 인간 사회의 현실이라면, 어찌할 것인가? 분쟁의 씨앗을 조금이나마 차단하는 것이 상수(上數)이다. 그러기 위해서는, 어떤 사안이건, 처음부터 잘 도모하여 처리해 나가는 수밖에 없다. 갈등의 실마리를 최소화하는 길! 교육의 근거도 이 가운데 숨어 있다. 이른바 '문제해결능력'과도 상통하는 삶의 지혜이다.

작사모시(作事謨始)!

아무리 사소한 일일지라도 처음 시작 단계에서 꼼꼼한 철저한 기획으로!

---

43) 『易傳』"訟"'象': 天上水下, 相違而行, 二體違戾, 訟之由也. 若上下相順, 訟何由興. 君子觀象, 知人情有爭訟之道. 故凡所作事, 必謀其始, 絕訟端於事之始, 則訟无由生矣. 謀始之義廣矣, 若慎交結, 明契 券之類, 是也.

18

지속과 일탈의 사이에서 수상불출守常不出

『주역』‘송(訟)’괘의 3효에 의미 있는 표현이 있다. 과거로부터 축적되어온 체험과 현재의 일상 지속이 삶에 미치는 사유에 관한 점(占)이다.

> “옛날의 미덕(美德), 즉 과거부터 현재까지 누적된 경험을 간직만 한 채, 곧고 굳게 그대로 실천해 나가기만 하면 삶이 위태로울 수 있다. 하지만, 조심하면서 미래 지향적으로 생활하면 끝내는 긍정적인 방향으로 나가게 될 것으로 예상된다!”[44]

정말 그럴까? 정이의 해석에 의하면, 과거부터 현재까지 누적해 온 경험인 ‘식구덕(食舊德)’은 ‘인간 각자가 지닌 본래의 분수(分數)에 충실함’을 뜻한다. 이른바 ‘처기소분(處其素分)’이다. ‘정(貞)’은 견고하게 자신을 지키는 작업이다. 현재는 위태로운 자리에 있지만, 그 자리가 위태로운 것이라 생각하고 두려워 할 줄 알면, 끝내는 괜찮은 자리라고 판단하는, 현명한 자기 결정이다.[45]

---

44) 『周易』“訟”: 食舊德, 貞, 厲, 終吉.
45) 『易傳』“訟”: 食舊德, 謂處其素分. 貞, 謂堅固自守. 厲終吉, 謂雖處危地. 能知危懼, 則終必獲吉也. 守素分而无求, 則不訟矣. 處危, 謂在險而承乘皆剛, 與居訟之時也.

'송사(訟事)'는 일반적으로 분수를 지키는 사람에게는 거의 발생하지 않는다. 아니, 그런 사람에게서는 쟁송(爭訟) 자체가 없다! 소송(訴訟)은 사리사욕(私利私慾)에 사로잡혀, 의도적이고 특별하게 어떤 것을 추구하는 사람에게서나 생기는 사태이다.

쟁송은 대체로 굳세고 튼튼한, 즉 강건(剛健)한 일에 속한다. 유순(柔順)하다면, 쟁송을 적극적으로 벌이지는 않는다. 아니, 벌이기가 힘들다. 대신, 유순함의 힘은 '인내(忍耐)의 용기(勇氣)' 가운데 자리한다. 그것이 '길(吉)'로 나아가는 바탕이다. 삶에 대한 관점도, 그냥 삶이 '좋다!'라기보다 '아름답고 착하고 훌륭하다!'라는 자세가 알찬 인생일 수도 있다. 오히려, 이 정도면 '괜찮다!'라는 자기위안(自己慰安)이 자부심(自負心)과 자긍심(自矜心)을 높인다.

교육이 이런 반석 위에 설 수 있다면, 이미 그런 교육에 종사하는 인간의 삶은, '이 정도 교육이면 괜찮다!' 만족(滿足)이나 흡족(洽足)까지는 아닐 지라도 족(足)하다! 그 족(足)은 두 '발'을 상징하기에, 충분히 만족하여 그치고 머무르기도 하지만, 다시 흡족으로 향해 달려 나가는 인생을 재촉한다. 허나, 반드시 '일상의 떳떳함을 지키고 나아가지 않는', '수상불출(守常不出)'을 선(善)으로 기억한다. '수상불출'의 인내를 용기로 지니는 만큼, 과거로부터 지속되어 온 전통교육의 분수(分數)는 어떠한가? 위태로움과 두려움의 사이에서 직시하라!

19

가운데서 올바르게 실천하는 중정中正

좀 진지하게 생각해보자! 교육은 무엇을 소망하는가? 역사상 제기된 수많은 삶의 이상, 또는 교육의 이데아를 설명하는 일은 잠시 제쳐두더라도, 인간은 상당수가 '나의 소원은 ○○이다!'라는 화두를 던지며 살아간다. 그 이상의 최고 수위가 『주역』에서는 '중정(中正)', 또는 '정중(正中)'으로 표현된다. 제자리에서 바르게! 모자람도 없고, 넘치지도 않은, 치우침도 없고, 올바른.

문제는 그런 삶이 가능할까? 생각하는 존재로서 인간에게 그런 가치를 강조하는 것 자체가 비현실이 아닌가? 그래서 인간은 삶과 교육의 구체적 목표치를 설정하면서도 희망과 이상을 말하고, 그 구현에 안간힘을 쓴다. 이상이 현실에서 실천되느냐의 문제는 그 이후의, 또 다른 과제이다. 주희는 『주역본의』에서 강조하였다.

> "가운데 자리하여 늘 알맞게 일을 떠맡아 수행하고 있다면, 받아들이는 사안이 어떤 일이건 한쪽으로 치우치지 않는다! 바르게 처신하면, 결단하는 행위가 이치에 부합한다!"[46]

46) 『周易本義』"訟": 中則聽不偏. 正則斷合理.

교육은, 언제나, 그 시대정신에 부합하는, '가운데-올바른' 자리, 즉 삶의 중정(中正)을 추구했다. 그것은 완벽한 이상이지만 현실에서 꿈을 통해 삶을 보증하는 힘이기도 했다. 인생의 동력! 달리 말하면, 정중(正中)에 인생을 세울 수 있도록 도와주려는, 교육적 작업이었다. 하지만 그 작업은 늘 이상(理想)이다. '교육을 받았다!'라고 하는 모든 인간이 현실적으로 '중정(中正)'의 완전성을 성취하지는 못한다. 아마, 앞으로도 영원히 그럴 것이다. 그렇다고 교육의 꿈이 날개를 접는 것은 결코 아니다. 오히려 그런 이상 때문에 교육은, 인간의 삶이 존재하는 한, 원대한 열망을 품고, 지속될 것이다.

20

험한 길을 좇는 숭고한 용기, 의병義兵

조선(朝鮮) 역사에서 의병(義兵)은 많았다. 임진왜란 때도 그랬고, 대한제국 말기에도 그랬다. 그들은 구국(救國)의 힘찬 함성(喊聲)으로 일어선 선각(先覺), 시대정신에 충실한 '교육적 인간상'들이다. 나는 그렇게 생각한다. 의병은 사전적 정의로 "나라가 외적(外敵)의 침입으로 위급할 때 국가의 명령을 기다리지 않고 민중이 스스로의 의사에 따라 외적에 대항하여 싸우는 구국 민병(救國 民兵)"이다.

『주역』의 일곱 번째 괘에 자리한 '사(師:䷆)'괘에 의병에 관한 근원적 개념이 담겨 있다. 엄밀히 말하면, 민병(民兵)이 일어나는 원인은 '분쟁' 때문이다. '분쟁'은 바로 앞에 나온 여섯 번째 '송(訟)'괘를 뜻한다. 쟁송은 단독이기보다 여럿이 패거리를 지어 문제를 일으키는 경우가 많다. 그런 상황에서는 의병이 출현하기 마련이다.

> "안은 험하고 밖은 그것을 좇기 때문에, 험한 길인데도 좇아가는, 군사를 일으키는 정의 또는 의리이다. 의병은 위험한 길을 행하지만 사람의 마음을 따라 움직인다."[47]

---

47) 『周易』"師": 內險外順, 險道以順, 行師之義. 行險道而以順動.

이런 삶의 자세는 '숭고한 용기'에 해당한다! 교육받은 존재가 뿜어내는 최고의 향기(香氣)이다. '인간됨'을 넘어선 '인간다움'의 극치이다. 이 시대의 교육도 이런 의병을 양성할 수 있을까? 험한 길이지만 그것을 따라갈 수 있는 숭고한 인간! 이 세상에 그런 존재가 얼마나 나와 함께 살고 있을까? 배움이 깊어질수록, 험한 길을 자임(自任)하는 의병(義兵)보다 비겁함이 다양한 양상으로 펼쳐지는 역적(逆賊)으로 전락하지 않기를 소망할 뿐이다.

의병을 갈구하는 '사(師)'괘는 '땅 가운데 물이 있는 모습'을 띤다. 즉 물이 땅 가운데 모인 것이다. 이는 사람이 모이는 형상이다. 교육받은 사람은 땅 가운데 물이 모여 있는 형상을 보고, 사람들을 포용(包容)하고 보호(保護)하며 사람들을 모우며 공동체(共同體)를 형성한다. 그것이 인간 사회의 길이다. 용민축중(容民畜衆)! 인간을 규합(糾合)하는 달인! 인간 양성은 그런 길을 향해 달려왔다.

때문에 주희는 인간양성을 고심한다.

> "물은 땅에서 벗어나지 않는다. 마찬가지로 군사도 사람에서 벗어나지 않는다. 이런 논리에서 보면, 사람을 기르면 의병과 같이 정의를 갖춘 사람을 얻을 수 있다."48)

이 '양민(養民)'은, 양육(養育)일까? 훈육(訓育)일까? 교육(敎育)일까? 어떤 단계에서 자기 자리를 확보할까? 칸트의 『교육론』에 의하면, 교육이라는 말은 '양육'이나 '훈육', 그리고 '교수' 또는 '육성'과 같은 의미로 이해한다. 양육은 아이가 자신의 능력을 해로운 방

48) 『周易本義』"師": 水不外於地, 兵不外於民, 故能養民則可以得衆矣.

식으로 사용하지 않도록 하려는 부모의 사전 배려이다. 말이 좀 어렵다. 훈육은 동물성을 인간성으로 변화시킨다. 동물은 이미 본능에 따라 모든 것이 갖추어져 있다. 외재적 이성, 즉 신이 인간을 위해 모든 것을 이미 준비해 놓았다. 그러나 인간은 자기 자신의 이성을 필요로 한다. 그는 본능을 가지고 있지 않으므로 자기 행동의 계획을 스스로 세워야만 한다. 그러나 그는 당장 그렇게 행할 능력이 없다. 다시 말하면, 미성숙 상태로 세상에 태어났기 때문에 타인이 그를 대신해 행동할 수 있는 계획을 세워주어야 한다. 그렇게 하여 훈육은 인간이 자기의 동물적 충동 때문에 자기의 본모습인 인간성에서 벗어나는 일이 일어나지 않도록 지켜준다.

인간은 양육과 육성을 필요로 한다. 육성은 훈육과 교수를 포함한다. 다른 동물은 이런 일을 필요로 하지 않는다. 어떤 사람에게 훈육과 교수가 부족할 경우, 그들은 다시 그들의 후속 세대에게 나쁜 교육자가 되고 만다.

이 지점에서 의병의 용기가 떠오른다. 한층 높은 어떤 존재가 인간사회의 교육을 떠맡는다면, 인간은 과연 무엇이 될 수 있을까? 교육은 한편으로는 인간에게 무언가를 가르친다. 다른 한편으로는 그에게 있는 무언가를 단지 계발하는 일이기도 하다. 어느 지점에서 전통과 험난함과 숭고함을 고루 갖춘, ‘의병의 용기’를 불어넣을 것인가?

21

출사出師의 도道, 근시수법謹始守法

인간의 삶에서, 상당수는, 어떤 일이건, 처음 시작은 엄숙(嚴肅)하게 맞이하는 경우가 많다. 새로운 각오로, 이전의 삶과 다른 차원의 인생 계획을 세우고, 때로는 충실하게 그 계획을 실현해 나가기도 하지만, 때로는 작심삼일(作心三日)의 허무한 계획으로 끝나는 경우도 허다하다.

물론, 일상을 충실하게 지속해온 삶이라면, 첫 출발도 일상에서 순간적으로 겪는 새로움만큼의 상쾌한 기분으로 출발할 수도 있으리라. 반대로 게으른 일상의 연속에서 새로운 양상으로 나타난 첫 출발의 순간을 맞이했다면, 무언가 반성하고 성찰해야 할 것 같은 자괴감에 사로잡힐 수도 있으리라.

인간이 느끼는 감정은 제각기 다르지만, '사(師)'괘의 첫 번째 효(初六:--)는 출사(出師)의 자세를 정말 엄숙하게 지시한다. '등불' 같은 메시지를 던진다.

> "군사를 출동할 때는 규율에 맞게 해야 한다. 그렇게 하지 않으면 승리하더라도 좋지 않다!"[49]

---

49) 『周易』"師": 初六, 師出以律, 否, 臧, 凶.

인간 사회에서 군사를 내야 하는 이유는 무엇일까? 분쟁이 발생하는 사안에는 반드시 군사에 해당하는 '정의의 사도'가 등장하기 마련이다. 군사는 혼란을 방지하고 포악한 존재를 처벌하기 위해 움직인다. 이 출사의 길은 반드시 의리(義理)로 해야 한다. 이때 의리는 규율(規律)이다. 그렇지 않는다면, 아무리 훌륭한 일이라도 결과가 좋지 않을 수 있다. 의미 있고 훌륭한 일은 승리에 이른다. 그러나 좋지 않은 결과는 재앙을 가져온다. 정의를 해친다. 부정(不正)이다.

주지하다시피, 저 유명한 제갈량(諸葛亮, 181~234)의 「출사표(出師表)」는 이런 점에서 의리와 충성이 가득한 명문장으로 전해진다. 제갈량은 말한다.

> "선제(先帝; 劉備)께서는 창업을 절반도 완수하지 못하고 도중에 갑자기 돌아가셨습니다. 지금 세상은 셋으로 나뉘어져 있고, 서울은 전쟁으로 피폐해져 나라의 존망이 달린 위급한 때입니다. 그러나 폐하를 모시며 호위하는 신하들이 궁중에서 게으름을 피우지 않고, 충성스런 장수들이 밖에서 자신의 몸을 돌보지 않는 것은, 선제의 특별하신 대우를 추억하며 폐하께 보답하기 위해서입니다.
> 진실로 폐하께서는 견문을 넓히고 선제께서 남긴 덕망을 빛내시고 뜻있는 인사(人士)들의 기개(氣槪)를 넓혀야 합니다. 쓸데없이 폐하 스스로 변변치 못하다고 여기고, 사리에 맞지 않는 비유를 들어, 충간(忠諫)의 길을 막아버리면 안됩니다.
> 모든 관리들이 한 몸이 되어 잘한 사람에게는 상을 주고 잘못한 자는 벌을 주는 데 차별이 있어서는 안 됩니다. 간사한 짓을 하거나 법법행위를 저지른 사람이나 충성스럽고 착한 사람이 있으면, 관리에게

그 사실을 알려 상벌을 정하여, 폐하의 공평한 정치 행위를 밝게 드러내야지, 사사로움에 치우쳐 안팎으로 법도가 다르면 안 됩니다. …… 선제께서는 저를 신중한 사람으로 보고, 임종하실 때 제게 큰일을 맡기신 것입니다. 명령을 받은 이후, 밤낮으로 근심하며, 부탁하신 일을 이루지 못하여 선제의 밝은 덕을 손상시킬까봐 두려웠습니다. 그러므로 5월에 노수(水)를 건너 불모의 땅에 깊이 쳐들어간 결과, 남방은 이미 평정되었습니다. 군대와 무기도 풍족하게 갖추었으니, 이제 군사를 거느리고 북쪽의 중원(中原)을 평정해야 합니다.
제가 바라는 것은, 아둔하나마 제 힘을 다해 간악하고 흉악한 무리를 물리치고, 한(漢) 왕실을 부흥하여 옛 도읍지로 돌아가는 일입니다. 이것이 선제의 은혜에 보답하고 폐하께 충성을 다하는 저의 직분입니다. …… 폐하께서는 제게 적을 토벌하여 한 왕실을 부흥시키는 임무를 맡겨 주십시오. 임무를 완수하지 못하면 저의 죄를 다스려 선제의 영전에 알리십시오. …… 저는 선제께 입은 은혜를 감당하지 못해 감격할 뿐입니다. 이제 멀리 떠나가는 길에 「표(表)」를 써 놓고 보니, 눈물이 흘러 무엇이라 말씀드려야 할지 모를 지경입니다. ……"[50]

이런 결기를 생각하면서, 주희는 『본의』에서 강조했다.

"군사를 출동하는 길은 그 처음 단계에서 신중해야 한다. 규율에 맞으면 괜찮지만, 정상적으로 착하지 않으면 나쁜 상황으로 몰아가게 된다."[51]

---

50) 諸葛亮, 「出師表」, 참조.
51) 『周易本義』"師": 出師之道, 當謹其始, 以律則吉, 不臧則凶.

교육도 마찬가지이다. 시작 단계에서 진지하게 조심하고, 사안에 알맞게 규율을 지켜라! 그것이 교육 실천의 과정에서 실패를 줄이고, 인간사회를 건실하게 만드는 바탕이 된다. 첫 단추는 가장 신중하게!

22

제 자리에 관한 비가悲歌, 재약지강才弱志剛

'제 자리'의 의미가 무엇일까? '명분(名分)'일까? '본분(本分)'일까? 아니면, 사명(使命)일까? 그것이 '명분'이건 '본분'이건 '사명'이건, 잃어버린 제 자리를 찾으려는 노력을 교육의 역할로 이해한다면, 눈여겨볼 구절이 하나 있다. '사(師)'괘 삼효(六三:--)에 관한 주희의 독해이다.

> "음(陰:--)이 양(陽:—)의 자리에 버티고 서 있다면, 재주가 약하고 뜻이 굳센 형국이 조성된다. 이렇게 되면, 가운데 자리에 올바르게 서지 못하여, 분수가 아닌 것에도 덤벼든다."[52]

재약지강(才弱志剛)! 재주는 약한데 뜻은 굳세다! 이 무슨 역설인가? 모순이 회오리 아닌가? '사람이 부드러운 성품을 지녔으나 제 자리가 아닌데 버티고 있다'는 말은, 재능이 부족하면서 그 행동이 지나치는 의미이다. 이런 사람을 지도자로 임명하면 어떻게 되겠는가? 어떤 일을 하건, 실패할 가능성이 높다. 전쟁 중이라면 다수의 희생자가 발생할 수 있다. 대패하기 딱 좋은 형국이다.

이 세 번째 효의 모습을 참고하여, 네 번째 효(六四:--)는 그만큼

52) 『周易』"師": 以陰居陽, 才弱志剛, 不中不正而犯非其分.

점잖게 상식의 길을 모색한다.

> "어려움을 알게 되었을 때는 물러서라! 그것이 군사를 운용하는 법칙이다."[53]

군대를 운용하는 일, 그 나아감과 강함은 얼마나 용맹한지가 처리 기준이다. 네 번째 효는 부드러운 성격을 지니고서 음(陰)의 자리에 있기에, 전진하여 승리할 수 있는 강력한 자가 아니다. 전진할 수 없는 자신의 능력을 알고 후퇴한다. 그리고 조용히 머물면서 때를 기다린다. 언제 나아가는 것이 마땅할까? 마땅한 시기를 파악하는 일은 다른 것이 아니다. 상황을 헤아려보고 전진하고 후퇴하는 일을 가장 적절하게 판단하는 혜안(慧眼)이다. 그럴 때 오류가 발생하지 않거나 최소한으로 줄어든다.

그러므로 가능한 시기를 보고 전진하라! 어려움을 알고 후퇴하라! 그것이 군사 작전의 이치이다! 지금 전진하여 승리할 수 없다면, 상황이 그러하다면, 후퇴하여 군대를 보존하라. 그것이 전진하였다가 패배하는 것보다 훨씬 낫다. 전진할 수 있는데도 후퇴하는 것은 그 자체가 잘못이다.

교육의 전진과 후퇴를 고려한다면, '제 자리'를 어떻게 처리하느냐의 여부에 관한 '판단능력 양성'이 주목되어야 할 것 같다. '본분(本分)'에 관한 역량을 점검하는, 자기 평가에 엄격해야 하리라.

---

53) 『易傳』"師": 知難而退, 師之常也.

23

논공행상論功行賞의 득실

한때, '칭찬은 고래도 춤추게 한다!'라는 말이 유행했다. 상(賞)이 인생을 밝게 할 수 있을까? 그렇다고 벌(罰)이 인생을 어둡게 만들기만 할까? 어쩌면 교육에서 상벌은 교육을 효율적으로 이끌어 갈 수 있는 필수적인 방법일 수 있다. 그렇다면, 상벌은 어떤 희망과 절망의 고리를 엮어 나가는가?

상벌에 관한 오래된 전통 가운데 하나는 적절한 '논공행상(論功行賞)'의 구현이다. 교육받은 사람인 대인(大人)과 교육받지 못한 존재인 소인(小人)을 향한 '논공행상'의 방식은, 다양한 측면에서 생각할 거리를 던진다. 물론, '사(師)'괘 자체가 군사나 군대에 관한 일이기에, 전쟁에서의 승리를 기준으로 전리품을 나눠주는 것 같은 이미지가 강력하게 투영되어 있다. 하지만, '사(師)'괘의 여섯 번째 효(上六:--)에 논공행상의 기대효과에 관한 단초가 엿보인다.

> "최고위급의 지도자가 논공행상의 명령을 하는 양상이 어떠한지를 확인하라. 제후에게 봉토를 나눠주어 나라를 열고 가문을 이어 가게 하라. 대신, 교육을 제대로 받지 못한 소인은 등용하지 말아야 한다."[54]

---

54) 『周易』"師": 大君有命, 開國承家, 小人勿用.

여기에서 눈여겨볼 대목이 '소인물용(小人勿用)'이다. 정이의 『역전』에 의하면, 전쟁에서 승리하는 요인은 한 가지만이 아니다. 그러므로 전쟁에서 승리의 주역이 모두 교육받은 인간인 대인(大人: 君子)인 것만은 아니다. 교육받지 못한 존재인 소인(小人)도 있다. 그런 만큼 소인에게도 공(功)이 있게 마련이다. 하지만 소인을 중용(重用)하여 쓸 수는 없는 노릇이다. 왜냐하면 소인은 평소에 교만(驕慢)하고 물질에 눈이 멀어 자기의 욕망(欲望)을 가득 채울 존재이므로 위험한 일을 할 수 있기 때문이다.

현대 학습심리학을 원용하면, 이런 소인에게도 보상이 필요하다. 그러나 '중용(重用)'하는 입장을 보상으로 본다면, '물용(勿用)'은 처벌(punishment)에 가깝다. 처벌이라고 무조건 나쁜 조치는 아니다. 처벌이 효과가 있는 것은 한 개인이 경험하는 고통 때문이 아니다. 그 개인이 어떠한 자극에 대하여 반응하는 방식을 변화시키기 때문이다. 동일한 자극에 대해 새로운 반응이 생겨나게 될 때, 처벌은 효과적이다. 처벌은 그것이 처벌받는 행동과 양립 불가능한 행동을 인출시켜 주면, 바라지 않는 습관을 변화시키는 데 성공하게 된다.[55)]

처벌은 아니지만, '중용(重用)'의 차원에서 보면 처벌에 가깝고, 보상이긴 하지만, '물용(勿用)'의 차원에서 보면 처벌에 가까운, 오묘한 조치를 감행함으로써, 논공행상의 방법이 구체적으로 정리된다. 주희는 『주역본의』에서 다음과 같이 정돈했다.

---

55) B.R. Hergenhahn · Matthew H. Olson(김영채 역), 『학습심리학』, 박영사, 2013, 328쪽.

"소인(小人)은 공(功)이 있더라도 작위와 토지를 소유하게 해서는 안 된다. 단지 금과 비단으로 우대하면 된다. 경계하라!"[56]

이는 '교육받은 인간'을 기준으로, '정량적'이 아니라 '정성적'으로 평가하는 또 다른 차원의 교육 표준을 제시한다. 일방적이고 획일적인 기준이 아니라, '교육 받은 인격'으로서 리더십을 확보했느냐의 여부, 또는 '쓸모 있는 인간'으로서 그 형성의 정도를 캐묻고 있다.

56) 『周易本義』"師": 小人則雖有功, 不可使之得有爵土. 但優以金帛可也. 戒行賞之人, 小人則不可用.

24

결단과 헤아림, 결탁決度의 의지

세상은 근원적으로, 언제나, 혼란(混亂)이 아니었을까? 어느 한 때 일시적으로 또는 부분적으로 그렇지 않은 경우도 있지만, 세상 만사가 뒤죽박죽인 것처럼 느껴진다. 어지럽고 질서가 없다. 달리 표현하면, 혼돈(渾沌: chaos) 자체다. 마구 뒤섞여 있다. 갈피를 잡을 수 없는, 시간과 공간이 얽힌다. 그리고 다시, 그 시공(時空)이 복잡다단하게 짜여 나간다. 모눈종이 위에 그려지는 그래프의 춤사위처럼, 수많은 점들이 종횡(縱橫)으로 유동하며 그림을 그린다. 인간이 그려내는 무늬, 그 인문(人文)의 세계, 문명의 빛이 그렇게 색감을 뿌려댄다.

교육은, 이런 세상을 풀어나가려는 의지(意志)를 품고 있는, 현실일까? 기술(技術) 사회가 첨단(尖端)으로 내달릴수록, 세상의 이치는 모호함을 더하는 듯하다. 그러기에 인간이 『주역』과 같은 점서(占筮)에 의존했던가?

정이는 『역전』에서 '비(比:䷇)'괘의 괘사를 풀이하는 가운데 점복(占卜)을 교육으로 연결할 단초를 드러낸다. '점결복탁(占決卜度)!' 즉 점을 치는 행위인 '서(筮)'는 단순하게 시초점이나 거북점이 아니라 '점(占)을 쳐서 결단하고 점을 쳐서 헤아리는 작업'이다.[57]

57) 『易傳』"比": 筮, 謂占決卜度, 非謂以蓍龜也.

이는 재물이나 지위 등을 판단하며 인생의 행복을 찾고 재앙을 피하려는 차원의 기복(祈福) 행위보다 인간의 사업에 관한 '결단'과 삶에 관한 '헤아림'이 강조된다. 한 마디로 '결(決)'과 '탁(度)'이다. 이는 교육을 통해 성숙하는 '판단 능력'의 함양과 연관된다.

결탁은 '어른다움'을 지향하여 도달하고, 그런 인생의 자세를 지속하며, 굳고 바른 길을 얻을 때 구현되는 덕성(德性)이다. 덕성의 확보가 구체적으로 이루어지는 시기에 인간의 삶은 허물이 없어진다. 괜찮다. 그러기에 교육은 어리석은 존재를 어른답게 가꾸고, 어른다운 삶을 일상에서 지속하며, 바른 길을 가도록 인도하는 작업으로 정돈된다. 간략하게 요약하면, '격몽(擊蒙)'에서 '대인(大人)'을 거쳐 '지선(至善)'의 세계로 가는 초대장을 발부한다.

25

되돌아보는 반관反觀의 효험

유학을 비롯한 고대 동아시아 사유의 상당수는 성찰(省察)과 반성(反省)의 수양(修養)을 거론한다. '반관(反觀)'의 자세이다. 20세기 미국 교육철학의 거장인 듀이(John Dewey, 1859~1952)도 '반성적 사고(反省的 思考: reflective thinking)'를 강조한다. 그런 점에서 유학과 듀이의 사유는 닮은꼴이다.

인간은 자신의 자아 기능을 성찰(省察)하면서 사고를 전개한다. 단순하게 외계(外界) 사물을 보면서 즉석에서 떠오르는 생각을 전개하는 것에 그치지 않는다. 그것보다는 자신의 마음이 작동하는 과정을 통해 인생을 성찰한다. 물론, 허망한 상상이나 통제되지 않은 사유로 인생을 전개하는 어리석은 사람도 있다. 하지만, 반성적 사고를 실천하는 인간은 그들과 구별된다. 로크(John Locke, 1632~1704)의 경우에도 '마음 그 자체의 작동으로 지식을 획득하는 작업'을 '반성적 사고'로 표현했다. 이는 내면을 성찰하는 '내성적 사고(內省的 思考: introspective thinking)'이다.

듀이의 반성적 사고는 문제해결의 심리적 과정을 나타내는 개념이다. 인간의 행위는 주어진 상황 조건을 수단의 원천으로 삼고, 어떤 목적이나 목표를 세워놓고 그것을 추구한다. 이 과정에서 다양한 난관(難關)에 부딪칠 때, 이를 '문제상황(問題狀況: problematic situation)'이라 한다. 일상에서 어떤 사태가 뒤엉키면 의문이 생기게 마련이다. 그 의문은 기존의 지식으로 해결하기가 쉽지 않다. 때문에 문제해결을 위한 가설이 요청된다. 무엇보다도 '탐구(探究: inquiry)' 행위를 통해 모호한 문제상황을 확실하게 전환한다. 요컨대, 반성적 사고는 발생한 상황의 문제해결을 위해 '가설적 사고'를 검토하여 목적을 실현하려는 통제된 사고의 전개이다.

로크나 듀이와 동일한 사고의 양태는 아니지만, 주희는 '비(比)' 괘를 풀이하면서 성찰(省察)과 연관된 삶의 지향을 펼쳐낸다. 현대적으로 다시 의미를 부여하여 독해해 본다.

> "사람을 중심으로 세상을 어루만지고 우러러 보라! 반드시 깊이 생각하여 스스로 살피며 착한 삶의 지속을 통해 사람들과 어울려야 허물이 없다. 그래야 친밀하지 않은 사람들도 찾아와 함께 할 수 있다. 사람들과 친밀하려면 인생을 되돌아보라. 그뿐이다!"[58)]

그것은 궁극적으로 교육받은 인간을 상정한다. 『역전』에 정돈된 정이의 풀이가 그것을 증명한다.

> "교육받은 사람은 교육받지 못한 사람을 품어주고 어루만져 준다. 교양이 없는 어리석은 사람은 교양 수준이 높고 의미 있는 자리에 있는 사람이나 어른을 보좌한다. 친척이나 친구, 공동체의 동료들에게도 모두 마찬가지이다. 그러므로 교육받은 사람이나 그렇지 못한 사람이 뜻을 맞추어 서로 좋아해야 한다. 서로 존중하며 돕고 추구하는 뜻이

---

58) 『周易本義』"比": 一人撫萬邦, 四海仰一人. 必再筮自審, 元善長永, 衆歸无咎. 未比將來. 欲比反觀.

> 없으면 서먹서먹해지고 멀어지게 마련이다. 인간의 감정은 서로 추구하면 만나고 서로 버티면 헤어진다. 서로가 버티고 서 있다는 것은 서로 기다리고 먼저 하지 않는 삶의 태도이다. 인간이 친애하려고 발버둥 칠 때, 그에 맞는 도리가 있다. 하지만, 무엇보다 중요한 자세는 '친애하려는 뜻을 늦춰서는 안 된다!'는 사실이다."[59]

반관(反觀)! 이런 차원에서 다시 돌아보면, 교육은 사람 사이에 서로 추구하여 만나는 인생, 이른바 '상구합(相求合)'이다. 서로 버티면 헤어지는 인생, 이른바 '상지규(相持睽)'에 관한 성찰에 다름 아니다.

---

59) 『易傳』"比": 君懷撫下. 下親輔上. 親戚朋友鄕黨, 皆然. 上下合志相從. 无相求意, 則離而凶. 人情, 相求則合, 相持則睽. 相持, 相待莫先. 人之相親, 固有道然. 欲比之志, 貴不可緩.

26

요청과 응대의 상응相應

『주역』“비(比)”괘는 ‘인간 사이에 친애하고 도와주는 사안’에 관한 기록이다. 여러 사람이 모이면 반드시 친애하는 관계가 있고, 서로 도와주는 가운데 안정을 찾고 평화를 느낀다. 그것은 편안하지 않은 인간 사회에, 서로 친애하고 도우려는 인간이 찾아오는 데서 시작한다. 불녕방래(不寧方來)! 정이는 『역전』에서 이에 관해 다음과 같이 풀이했다.

> “삶의 안녕을 제대로 지키지 못할 때, 인간은 비로소 와서 따르고 친애하기를 구한다. 사람들이 스스로 보존할 수 없기 때문에 교육받은 사람을 추대하여 편안하기를 요청한다. 교육받은 사람일지라도 혼자 살아가는 것이 아니므로 사람들과 함께 편안하려고 한다. 편안하지 못한 상태에서 찾아와 친애하는 분위기를 만드는 것은 사람 사이에 서로 응하는 일이다.”[60]

아무 탈 없이 편안한 삶, 즉 안녕이 아닐수록, 교육은 적극적으로 개입한다. 불녕(不寧)을 안녕(安寧)으로 전환하려는 강력한 의지

---

60) 『易傳』“比”: 人之生, 不能保安寧, 方來求比. 民不能自保, 戴君求寧. 君不能獨立, 保民爲安. 不寧來比, 上下相應.

를 발동한다. 그것이 인간 사회의 지향이고 꿈이다. 과연, 그 꿈을 이룰 수 있을까! 누가 안녕을 보장하기 위해 와 줄 것인가?

주희의 선택은 간단하다. 먼저, 남이 와서 나를 친애할 수 있다. 인래비아(人來比我)! 하지만, 내가 가서 남을 친애해야 한다. 아왕비인(我往比人)! 교육은 어떠해야 할까? 다른 사람이 다가오기를 기다리기만 하면 되는가? 아니면 내가 다가가기만 하면 되는가? 그 어느 것도 아니다. 나도, 남도, 함께 동시에, 우리가 되어 다가가야 한다. 상응(相應)이란? 그런 것이다.

'상응'을 이해하기 위한 방편으로, 크리슈나무르티(Jiddu Krishnamurti, 1895~1986)의 언표에 귀 기울일 필요가 있다. 그는 말한다.

> "교육자와 학생은 그들 자신의 교육을 위하여 서로서로 도와야 한다. 인간의 모든 관계는 서로서로 간의 교육이어야 한다. 지식이나 업적, 또는 야망으로 서로를 방어하기 위해 자신을 고립시키는 것은 질투와 적대감만을 키우는 일이다. 올바른 교육, 또는 교육자는 자기 자신이 둘러치고 있는 이러한 장벽을 뛰어 넘어야 한다!"[61]

---

61) 크리슈나무르티(강옥구 번역), 『敎育과 人生의 意味』, 대화출판사, 1980, 105쪽.

27

믿음의 힘이 가져오는 성신誠信

『주역』“비(比)”괘 첫 번째 효(初六:--)는 “유부비지(有孚比之), 무구(无咎)!”로 시작한다. 그것은 ‘믿음을 두고 친밀한 관계를 지속해야 허물이 없다!’라는 의미이다. 다시 말하면, 사람 사이에 친밀함의 요건은 ‘믿음’이 근본이다. 서로 신뢰가 없는데, 무슨 친밀함이 생기겠는가! ‘부(孚)’라는 글자로 상징되는 ‘믿음’, 또는 ‘붙임성’을, 사람 사이에 ‘먼저 믿음을 가지라!’는 교육적 언표로 명시하는 것은 어떨까?

정이의 첫 번째 효에 관한 풀이가 교육적 의미를 확장한다.

> “자연스런 믿음이 내면에 충실하면, 사람들이 믿지 않을 수 없다. 반드시 믿는다. 외면을 화려하게, 또는 그럴듯하게 꾸며, 친밀하기를 구한다면, 진정한 신뢰 관계가 형성되겠는가? 자연스런 믿음, 정성을 다하는 신뢰, 그 성신(誠信)이 마음 가운데 꽉 차 있으면 어떤 사람도 감동하여 따를 것이다.”[62]

이런 점에서 교육은 ‘성신(誠信)’을 공동체의 덕목으로 삼아, 인간을 성장해 나가는 사업일 뿐이다. 각급 학교의 명칭이나 교훈에

---

62) 『易傳』“比”: 誠實充內, 物無不信. 飾外求比乎. 誠信中實, 他外感從.

'성신(誠信)'이란 글귀가 유난히 많이 보이는 이유도 여기에 있으리라. 그런 만큼 귀신충실(貴信充實)! 믿음을 소중하게 여기고 내면을 채워라!

다시, 성신(誠信)! 정성과 믿음이 쌓여, 즉 시종일관(始終一貫) 성신이 마음에 충만하여, 옹기에 가득 찬 것처럼, 정성이 최고조에 이르면, 인간의 삶에는 어떤 허물도 없으리라! 아니, 허물이 없는 것을 넘어 의미 있는 행복이 다가오리라. '지성(至誠)이면 감천(感天)이다!'라고 했듯이, 지성은 최고의 행복인 지행(至幸)을 가져온다. 그 행복은 구하는 것이 아니다. '성(誠)'이라는 씨앗에서 자란다.

28

열어주는 여유 불거불추不拒不追

'친밀함'이라는 덕목을 앞에 두고, 교육받은 인간의 자세는 어떤 특징을 지닐까? 그것은 배려하는 마음으로 이어진다. 『주역』"비(比)"괘의 다섯 번째 효(九五:⚊)를 풀이하는 과정에서 그런 자세가 잘 드러난다. 주희는 『주역본의』에서 매우 합리적으로 표현한다.

> "하나의 양(陽:⚊)이 높은 자리에 있어 굳세고 튼튼하며, 자기 자리에서 중심으로 지키며, 여러 음(陰:⚋)이 모두 와서 친밀함으로 드러낸다. 그 친밀함에는 개인적 욕망이 없다! 이는 교육받은 인간인 지도자가 사냥을 나갔을 때, 사방을 완전히 포위하지 않고 그물의 한쪽 면을 열어 준 것과 같다. 오는 사람을 막지 않고 가는 사람을 쫓지 않는 자세이다. 교육 받지 못한, 교양이 없는 사람일지라도 교육받은 사람을 존경하고, 그 뜻을 깨달아 서로 경계하고 대비하면서도 반드시 얻기를 구하지는 않는다. 이런 교육이 삶을 건전하게 만든다."[63]

래자무지(來者撫之)! 교육이 필요하여 오는 존재에 대해서는 어루만져 주라! 그리고 교육 도중에 떠나가는 존재조차도 쫓지 않기

---

63) 『周易本義』"比": 一陽居尊, 剛健中正, 卦之群陰, 皆來比己. 比而无私. 天子不合圍, 開一面之網. 來者不拒, 去者不追. 私屬喻上意, 不相警備求必得, 皆吉之道.

를! 거자불추(去者不追)! 정이는 『역전』에서 이런 친밀함의 덕목에 다음과 같은 교육적 의미를 더한다.

정성을 다하여 사람을 만나라! 성의대물(誠意待物)!
자기의 마음을 헤아려 깨닫고 타인에게 미쳐라! 서기급인(恕其及人)!
의미 있는 교육을 하고 사랑을 베풀어라! 발정시인(發政施仁)!
세상 사람이 혜택을 보도록 기여하라! 몽기혜택(蒙其惠澤)!

29

시작과 끝에서 무수무종無首無終

교육이 일상의 합리적 운용이라면, 그 시작과 끝은 어떠할까?

유시무종(有始無終), 시작은 있었으나 끝이 없는 일인가?

무시유종(無始有終), 시작이 어딘지 알 수는 없으나 끝이 있는 일인가?

아니면, 무시무종(無始無終), 시작이 어딘지 알 수도 없고, 끝이 어딘지 알 수도 없는 일일까?

시작이 없는데, 어찌 마침이 있겠는가? 시작이 있었는데 끝이 어그러진다면, 이것은 또 무슨 경우인가?

참 쉽지 않은, 난제(難題) 가운데서도, 험지(險地)이다.

30

지피지기知彼知己의 냉철함

『주역(周易)』의 역설(逆說)일까? 『손자병법』"모공(謀功)"편의 한 구절이 떠올랐다.

"지피지기(知彼知己), 백전불태(百戰不殆)!"

'상대편의 상황을 알고 자기편의 상태를 알고 있으면, 어떤 싸움도 위태롭지 않다!'라는 의미이다. 어쩌면 이 구절은 『손자병법』 가운데 가장 유명한 언급일 수도 있다. 인생이나 교육이 창칼을 휘두르는 전쟁(戰爭)은 아니지만, 그와 유사한 측면으로 느껴질 때가 많다. 인간사회에서 벌어지는 저 수많은 경쟁들이 그러하다. 학생들 사이의 성적 다툼이나 입시 경쟁이 또한 그러하다.

왜 그럴까? 사회심리학의 관점에서 보면, 척추동물 가운데 인간만이 일관되게 또 고의적으로 같은 종(種)의 구성원을 죽이거나 고문한다. 그렇다면, 그 공격성은 태어나면서 가지고 나오는가? 인간성 가운데 지극히 당연한 일부분인가? 교육을 통해 바꿀 수는 있는가?

공격성은 상대에게 해를 입히거나 고통을 주는 것을 목표를 둔

의도적 행위이다.[64] 그 행위는 신체적일 수도 있고 언어적일 수도 있다. 토마스 홉스(Thomas Hobbes, 1588~1679)는 그의 『정치철학』에서 언급했다. “인간은 타고난 본래 상태의 짐승들과 다름없다. 때문에 사회의 법과 질서를 강화시킴으로써 공격성이란 타고난 본능을 억제시킬 수 있다!” 이와 달리 장 자크 루소(Jean Jacques Rousseau, 1712~1778)는 다른 시선을 드러냈다. “인간은 본래 자비로운 피조물이다. 그런데 제약이 많은 사회가 인간을 적대적이고 또 공격적으로 만들었다!” 무엇이 정확한 표현일까? 적자생존(適者生存)에서 카타르시스(catharsis)에 이르기까지, 공격성의 유용성 분석에도 불구하고, 그것은 ‘폭력 그 자체’이다. 전쟁은 그것을 대표하는 거대 폭력이다.

그런데 전쟁에서 자신의 상황은 알고 있으면서 상대편의 상황을 알지 못하면, 승패의 확률은 반반이다. 하지만 상대방의 상황도 알지 못하고 자신의 상황도 알지 못하는 경우라면, 어떠할까? 반드시 실패한다!

인간 사회를 전쟁터에 비유해 보라! 나를 알고 세상을 알고, 그 교육과 학문 연구의 싸움터에서, 다시 앎이란 무엇이어야 할까? 때문에 ‘앎’을 다루는 교육은 결코 단순하지 않다. 단순할 수가 없다. 그렇다고 ‘복잡하다’는 표현만으로는 실제 문제를 풀어나갈 수 없다. 현실 안에서 지피지기(知彼知己)를 구현하는 것 자체가 교육활동이어야 한다. 지식과 지혜, 인간의 성장과 성숙, 전쟁과 평화, 갈등과 모순, 화합과 배려 등등 수많은 사유와 현상이 교육으로 스며들지만, 교육은 그런 개념들의 언저리에서 맴도는 경우가 대다

64) 엘리어트 애런슨(박재호 옮김), 『인간, 사회적 동물』, 탐구당, 2014, 참조.

수이다.

이 지점에서 자의적(恣意的) 판단이나 주관적(主觀的) 강조, 표면적(表面的) 이해 등에 관한 경계가 다시 떠오른다. 세상을 이해한다는 것은 복잡한 상황을 풀이하는 작업이다. 다방면(多方面)으로 끊임없이 공부하는 지혜의 연마(鍊磨)이다. 냉철한 판단력과 흔들리지 않는 자기단련(自己鍛鍊)! 그것만이 위기의 세상을 견디게 하는 힘이다.

31

바람의 분위기, 그 유기무질有氣無質

인가사회의 진보는 때때로 분위기에 좌우되기도 한다. 큰 변혁의 경우, 그것은 혁명의 바람으로 드러나기도 한다. 『주역』 아홉 번째 괘 "소축(小畜:☴☰)"'상(象)'에는 다음과 같이 기록되어 있다. 그 모습을 유추해 보면, 무엇보다도 '바람[風]'에 관한 엄중한 분위기가 세상을 다시 보게 만든다. 삶이 교육이라는 바람에 둘러싸여 있다면, 인생을 휘감는 바람의 무게가 어느 정도인지 새삼 느껴진다.

> "바람이 하늘 위로 흐르는 모습이 '소축'괘이다. 교육받은 사람이 이 형상을 보고서 문명을 어떻게 쌓아야 아름다운 사회를 가꿀 수 있는지 고민한다."[65]

주희는 이를 간단명료하게 풀이하여 정돈한다.

> "바람! 그것은 기운은 있으나 바탕이 없다! 때문에 쌓이기는 하지만 오래가지 못한다."[66]

65) 『周易』"小畜": 風行天上, 小畜. 君子以, 懿文德.
66) 『周易本義』"小畜": 風, 有氣而无質. 能畜而不能久.

이런 바람의 의미는 그야말로 슬프다. '바람처럼 사라진다!'는 말이 상징하듯, 보이지 않는 기운을 따라 흘러가 버린다. 무게감 있는 질량(質量), 그 묵직함은 지속되지 않는다. 아니, 스쳐 지나가는 묵직한 가벼움을 따라, 흔적도 없이, 결코 지켜 내거나 지켜지지 못하는 존재로 묘사될 뿐이다. 세찬 만큼 기운이 뻗어나가지만, 질량의 부재(不在)가 던지는 가벼움은 슬픔마저 고독하게 이끈다.

"문명이 쌓여 아름답고 두텁게 쌓였다. 하지만, 멀리 베풀어지지 않는다. 큰 영향을 미치지 못한다."67)라는 주희의 언급이, 교육의 효과를 얻으려는, 인간사회의 열정을 비참하게 만든다!

교육으로 쌓은 문명, 또는 교육으로 가꾼 문화의 세계가 바람처럼 사라진다면, 교육이 만드는 인생이라는 작품은 바람처럼 사라지기 위한 연가(戀歌)에 불과한가!

천상병(1930~1993) 시인의 노래처럼, 정말 잠시, '소풍(消風)나온 바람'일 뿐인가?

<소풍> - 천상병

아름다운 이 세상 소풍 끝내는 날
가서 아름다웠더라고 말하리라
천상병의 삶이 소풍이었다고?
그 소풍이 아름다웠더라고?
오늘
한쪽의 일터에서는 굴뚝 위에서 농성을 하고

---

67) 『周易本義』"小畜": 懿文德, 未能厚積遠施!

바람이 바뀌었다고
다른 쪽의 사람들은 감옥으로 내 몰리는데
이 길이 소풍길이라고?
따르는 식구들과
목마 태운 보따리
풀숲에 쉬면 따가운 쐐기
길에는 통행료
마실 물에도 세금을 내라는 세상
홀로 밤길을 걷고
길을 비추는 달빛조차 몸을 사리는데
이곳이 아름답다고?

그래도 위로받을 수 있는 해설이 있어 다행이다. 정이는『역전』에서 강조했다. 교육 사업의 의미와 애정이 인간사회를 지속가능하게 만드는 힘이 될 수 있다는 의미이다.

> "교육받은 사람, 인격을 제대로 갖춘 군자(君子)가 실천하는 큰 사업은 도덕과 경륜의 함양이다. 그와 더불어 이루어 나가는 작은 사업은 문장과 재능, 그리고 기예를 익혀 문명을 쌓아 인생을 아름답게 가꾸는데 기여한다."[68]

삶에 필요한 문장(文章)과 재예(才藝), 나아가 도덕(道德)과 경륜(經綸)에 이르는 인생 사업을 이룰 수 있다면, 말할 나위 없이 교육은 대성공이다. 허나, 삶의 저 모퉁이로부터 불어오는 바람이, 그것

68)『易傳』"小畜": 大則道德經綸. 小則文章才藝. 懿美文德.

을 휘몰아 간다. 조용히 사라진다.

이 험악한 분위기, 저 교육의 적(敵)들조차, 사라지는 바람을 따라, 교육의 친구로 만들 수는 없을까?

32

절정에서 부르는 노래, 극산극성極散極成

정이의 『역전』 "소축" 여섯 번째 괘[상구(上九:⚊)는 절정의 순간이 어떠한지를 보여주는 한편의 노래이다.

쌓인 것이 커서 최고조에 이르면 흩어지게 마련!	대축극산(大畜極散)!
쌓인 것이 작아 최고조에 이르면 이루어지게 마련!	소축극성(小畜極成)!
미리 의심하고 염려할 줄 알아서,	전지의려(前知疑慮),
경계하고 두려워하여 조절하시게!	경구구제(警懼求制)!

'망각(忘却: oblivion; forgetting)'과 '기억(記憶: memory; remembrance)'이라는 사태가 있다. 조물주는 왜, 인간에게 이 두 사태를 체험하도록 강요한 것일까? 깊이 생각해 보았다. 상상의 날개를 펼쳐 보았다. 그렇다. 어쩌면, 인간의 가장 큰 희망과 행복은 기억과 망각을 넘나드는 순간순간에 발생하기에, 그것을 보장해 주기 위한 조물주의 고심이, 그렇게 드러난 것은 아닐까?

교육은 인간의 문명을 더하는 작업이다. 더하는 작업은 기억의 경험을 고조하는 일이다. 기억의 경험이 극대화의 시간과 공간을 엮어 놓았을 때, 쌓이고 쌓여 최대한으로 누적되었을 때, 그 다음 기억은 어디로 갈까? 무너지는 걸까? 정이의 표현대로라면 흩어진다. 기억이 흩어지는 것이 망각은 아닐까? 망각 현상이라고 해도 무방할 것 같다.

그렇다면, 망각 현상은 문명을 빼는 작업이다. 빼는 작업은 망각의 경험을 고조하는 일이다. 망각의 경험이 극대화의 시간과 공간을 엮어 놓았을 때, 덜어내고 덜어내어 최대한으로 비었을 때, 그 다음 망각은 어디로 갈까? 더 이상 무너질 것이 없을 때, 기억의 싹이 손을 내밀지 않을까?

기억과 망각의 사이를 종횡무진(縱橫無盡)하는 인생 사업에 교육이 개입한다면, 이 또한 인간의 희망이자 행복이리라.

33

분수를 지키는 인생, 각분민지各分民志

『주역』의 열 번째 괘인 "리(履:☰)"는 예(禮)에 관한 기록이다. 예의 흔히 예의(禮儀)나 예절(禮節), 또는 예법(禮法)이라는 말로 확장되어 쓰인다. 그런 만큼 '예(禮)'는 인간의 삶에서 실천해야 하는 생활양식이다. 법도(法度) 또는 도리(道理)라고도 한다. 인간은 삶의 도리를 밟고 살아간다. 나는 인생에서 무엇을 밟고 있는가! 인생을 추동하는 저변의 힘이 교육이라면, 교육은 무엇을 밟고 추진되어야 할까? "리(履)"괘의 '상(象)'은 인생, 또는 교육에서 밟아야 할 형상이 어떠해야 하는지 고심한다.

> "위는 하늘이고 아래는 연못으로 되어 있는 것이 리괘의 형상이다. 인격을 갖춘 지도급 인사가 이를 관찰하고 위와 아래를 분별하여 인간이 지향하는 사안이 무언인지 정돈한다!"[69)]

하늘이 위에 있고 연못이 아래에 자리하는 것은 상식이다. 자연의 이치로 볼 때 당연한 것이다. 하늘은 저 위에서 해와 달, 구름과 바람을 품고 아래를 내려 본다. 연못은 땅 위에서 물을 가득 담고 만물을 적시는 데 기여한다. 그렇게 하늘은 위에 있고, 연못은 하늘

---

69) 『周易』"履": 上天下澤, 履. 君子以, 辨上下, 定民志.

아래의 땅위에 자리하고 있다.

그렇게 하늘과 연못이 당연하게 자리 잡은 것처럼, 인간 사회의 삶의 도리도 '바른 이치'를 갈망한다. 그 바른 이치를 가늠하는 기준이 예(禮)이다. 인간이 예의를 실천하는 모습도, 자연이 '위-아래'의 질서 체계를 갖춘 것처럼, 마땅히 그와 같아야 한다. 때문에 교육받은 교양인, 즉 군자(君子)는 이런 모습을 참고로 위와 아래를 구분하고, 인간의 마음을 안정시킨다. 정이는 그런 이치를 『역전』에서 멋지게 풀이했다. 현대 교육의 입장에서 의역하면, 다음과 같이 이해할 수 있다.

"위-아래의 구분이 분명해야 인간의 마음이 정돈되고, 인간의 마음이 정돈된 다음에 삶을 말할 수 있다! 인간이 무엇을 지향하는지 정돈되지 않으면 인생을 거머쥘 수 없다! 옛날 계급 사회에서도 공(公) · 경(卿) · 대부(大夫) 이하 모든 사람이 제각기 자신의 자리에 맞는 도리를 갖추었다. 그리고 평생 동안 그에 걸맞게 처신하기를 소망했다. 제 분수에 맞게 말이다. 사람의 지위가 그 도리에 맞지 않은 경우, 교육받은 사람이 교육을 통해 그를 바르게 인도해 주었다. 사람들이 학문을 닦아 상당한 수준에 이르면, 그에 맞는 임무를 맡겼다. 어떤 사람은 개인적으로 일을 부지런히 하지만, 그것을 모두 누리기에는 한계가 있다. 그렇더라도 모든 인간이 지향하는 것에 따라 그의 능력에 맞게 필요한 일을 골고루 맡기면, 세상을 하나로 통일시킬 수 있었다. 그런데 인간 세상은 그것만이 아니었다. 사람들은 제각기 부귀영화나 사치에 관심을 두었고, 개인의 이익에 매달려 시끄럽게 만들었다. 욕망의 소굴 자체였다. 이런 상황에서는 균형의 미학을 발휘하는 아름다운 세상은 불가능하다. 물론, 혼란하지 않기를 바라지만, 인간사회

> 의 특성상 매우 어려운 일이다. 이는 윗사람과 아랫사람이 각자 무엇을 해야 하는지, 정돈된 마음이 없기 때문이다. 그러므로 교육받은 사람은 먼저 인간의 자질을 분별하여, 각기 그 분수에 마땅하게 사람을 안배해야 한다."[70]

동서고금을 막론하고, 교육은 궁극적으로 개인의 자질을 분별하고, 인간 각자가 그에 알맞은 임무를 수행할 수 있는 능력을 갖추게 하는 데 기여한다. 그런데 그게 엄청나게 어렵다! 모든 존재가 동일하게, 또는 인간사회의 요구대로 훌륭하게, 이른바 '성공적'으로 성장한다는 것은 거의 불가능하다! 문제는 나와 더불어 사는 인간들, 어느 정도가 그렇게 성숙해야, 건전한 사회를 이룰 수 있느냐이다.

---

70) 『易傳』"履": 君子, 辨別上下之分, 定其民志. …… 位各稱其德, 終身居之, 得其分也. 位未稱德, 君擧進之. 士修其學, 學至君求. …… 皆有定志, 天下心一. …… 志于尊榮, 志于富侈, 心騖於利, 天下紛然, 欲其不亂, 難矣. 君子, 分辨上下, 各當其分, 定民之志.

34

맨발로 가가라, 소리 왕素履 往

어떤 사람은 인간사회를 따스하다고 하고, 어떤 사람은 춥다고 표현한다. 인간사회는 따스한 곳일까 추운 곳일까? 자연은 사계절이 추이에 따라, 따스하고 덥고 서늘하고 추운 시기를 적절하게 순환한다. 따스할 때는 그것이 이치이고, 더울 때는 그것이 또 이치이다. 서늘할 때나 추울 때도 마찬가지이다. 이러한 자연의 질서는, 그 자체로 기쁨도 슬픔도 아니다. 그래서 자연이다.

그러나 거기에 인간사회의 감각적 인식이 개입하면, 다른 감정이 개입한다. 추운 것이 이치지만, 오히려, '즐거운 기후'로 둔갑하기도 하고, 인간이 느끼는 감성에 따라 상상력을 발동한다. 이런 인간의 감성이 현명함을 가져올까? 아니면, 어리석음을 포장하는 일일까?

교육은 현명함을 전제로 하는 특수한 경우도 있지만, 상당수는 어리석음을 전제로 펼쳐나가는 작업이다. 어리석음이 시작되는 지점에 서고 보니, 그 틈 사이에, 젊은 시절 자주 읊조렸던 김수영(1921~1968) 시인의 〈눈〉이 떠오른다.

<눈> - 김수영

눈은 살아 있다
떨어진 눈은 살아 있다
마당 위에 떨어진 눈은 살아 있다
기침을 하자
젊은 시인이여 기침을 하자
눈 위에 대고 기침을 하자
눈더러 보라고 마음 놓고
마음 놓고 기침을 하자
눈은 살아 있다
죽음을 잊어버린 영혼과 육체를 위하여
눈은 새벽이 지나도록 살아 있다
기침을 하자
젊은 시인이여 기침을 하자
눈을 바라보며
밤새도록 고인 가슴의 가래라도
마음껏 뱉자

눈이 살아 있다 녹아내리듯, 세상에 태어나는 인간은, 누구나 '맨몸'으로 왔다가 '맨몸'으로 떠난다. '빈손으로 왔다 빈손으로 간다!'라는 '공수래공수거(空手來空手去)!'이다. '리(履)'괘의 첫 번째 효(初九: ━)는 "맨 발 그대로, 본래의 실천으로 나아가면 허물이 없다!"[71]라고 기록하고 있다.

---

71) 『周易』"履": 素履, 往, 无咎.

'처음처럼'이라는, 많은 사람에게 회자되는 말도 있듯이, 인간은 처음 태어날 때, 낮은 곳에 처해 있다. 높은 곳이 아니다. 그것은 어리석음으로 뭉쳐진 곳일까? 어리석음 자체일까? 물론, 그런 차원을 말하는 것은 아니다. 낮은 곳에 있다고 모든 사람이 어리석지는 않다. 어리석은 존재가 낮은 자리에 처할 수는 있지만, 낮은 자리에 있다고 모두가 어리석지는 않다.

어떤 존재는 왕좌(王座)와 같은 높은 자리에서 인생을 출발하는 경우도 있다. 그러나 그것조차도, 본래 모습은, 벌거벗은, 낮은 차원이다. 정도의 차이는 있겠지만, 누구나, 인간의 첫발은 맨발로서의 인간 형상으로 존재할 뿐이다. 어떤 차원이건, 인간은 근원적으로 아래에 있는 존재이다. 그것이 교육의 연원(淵源)을 지시한다. 정이는 『역전』에서 이 대목을 풀이하며 교육 사업의 대강을 그려낸다.

"리(履)괘 첫 번째 효(爻)는, 양강(陽剛: ━)의 자질을 갖추고 위로 나아갈 수 있는 형상이다. 때문에 아래에 있으면서 낮은 존재라는 자신의 처지를 깨닫고, 그 본래의 처지를 편안히 여기고 삶을 영위해 가면 허물이 없을 것으로 기대된다. 하지만 보잘 것 없는 빈천한 본분에 대해 자기 스스로 편안하게 생각하지 못한다면, 그 인생은 문제가 생기게 마련이다. 탐욕에 빠지고 조급하게 행동하며, 보잘 것 없는 현재 자신의 자리를 벗어나려고만 한다. 이런 행동은 훌륭한 일을 하려는 자세가 아니다. 인간은 자신의 욕망으로 얻은 사안에 대해, 교만에 빠지는 경우가 많다. 이른바 '과불급(過不及)'의 '과(過)'를 저지른다. 그렇게 인생살이를 이어가면 허물이나 오류, 또는 실수로 가득할 뿐이다. 교육받은 인간은 자신의 본분을 실천하며, 자기 자리에서 즐긴다. 그런 인생이 진보해 나가는 모습은 훌륭한 일을 하려는 열정에서 우

> 러나온다. 그런 삶이 교육으로 지속될 때, 세계는 선(善)으로 가득 찬다. 이는 다름 아닌, 맨발의 청춘, 그 평소의 삶을 그대로 지키며 가는 인생의 사업이다."[72]

주희는 이에 대해 아주 짧게, 삶과 교육을 대변한다. 그 몇몇 화두(話頭)는 '낮은 곳', '처음 그대로의 맨발', '평소의 행실' 등이다.

> "양(陽: ━)으로서 아래에 있고, 인생을 밟아 나가는 처음 단계에서, 다른 존재로 옮겨가지 않는다. 그런 인간은 바로 맨발 그대로, 평소의 행실을 따르는 사람이다. 교육에 임하는 사람이 이와 같이 실천하면, 인생을 펼쳐 나가는데 큰 문제는 없을 것이다."[73]

이 '처음', 그 '첫 발걸음'이 지닌 마음은 '상(象)'에서 간략하게 표현된다.

> "평소의 본분을 편안히 실천하는 삶은 오로지 마음의 저 밑바닥에서 원하는 일을 행하는 것이다."[74]

다시, 정이가 설명을 보탠다.

---

72) 『易傳』"履": 初處至下, 素在下者, 陽剛之才, 可以上進. 安卑下素往, 无咎. 人不能自安於貧賤, 素則其進, 貪躁而動, 求去貧賤, 非欲有爲. 既得其進, 驕溢必矣, 往則有咎. 賢者, 安履其素, 其處也樂, 其進也將, 有爲也. 得其進, 有爲不善, 守其素履.
73) 『周易本義』"履": 以陽在下, 居履之初, 未爲物遷. 率其素履. 占者如是, 往而无咎.
74) 『周易』"履": 素履之往, 獨行願也.

> "평소의 본분을 편안히 실천하는 삶은 구차하게 개인적 이로움을 도모하지 않는다. 오로지 그 마음이 가는 곳, 자신의 뜻이 원하는 일을 행하며 나아간다. 부귀영화를 구하려는 마음과 올바른 인간의 길을 가려는 마음이, 저 깊숙한 마음의 저변에서 서로 싸운다면, 어떻게 평소의 본분을 편안히 실천하는 인생일 수 있겠는가!"[75]

일상에 주어진 본분 그대로를 즐기려면, 맨발 그대로 나아가던 처음처럼, 그 입지(立志)의 시공간을 성찰해야만 한다. 그것이 교육의 존재 이유를 이해할 수 있는 실마리이다.

---

75) 『易傳』"履": 安履素往, 非苟利也. 獨行志願. 欲貴之心, 行道之心, 交戰于中, 能安履素.

35

그윽한 사람의 모습으로서 유인幽人

‘속세(俗世)’를 피해 조용히 사는, 즉 어지러운 세상을 피해 숨어 사는 일을 ‘은둔(隱遁)’이라고 한다. 은둔의 세계를 즐기는 사람은, 달리 말하면, ‘유인(幽人)’이다. 그런 존재의 삶은, 은둔의 향기만큼, 그윽하게 우러나온다. 그렇다고 ‘은둔’이나 ‘유인’이 세상을 등지는 것은 결코 아니다.

상당수의 은자(隱者)나 유인(幽人)은 외압(外押)에 굴복(屈伏)하는 삶을 부끄럽게 여긴다. 때문에 자진(自進)하여 현실의 인생 무대에서 내려온다. 그렇게 은둔 생활에 들어간다. 현실에서 힘을 발휘하는 권력(權力)과 정면으로 충돌하지 않는다. 그런 권력은 나무를 스쳐 지나가는 바람처럼 받아 넘긴다. 대신, 인생의 전반을 통틀어 자신의 생활방식 그대로 이어간다. 일종의 고집(固執)이다. 『중용』에서 강조하는 ‘택선고집(擇善固執)!’이다. 그것은 한마디로 말하면, ‘강인한 반항정신’이다. 불의에 대한 저항이자 정의를 향한 폭거이다. 그런 정신을 품고 있는 존재가 ‘유인(幽人)’이다.

‘리(履)’괘의 두 번째 효(九二: ⚊)에 그런 모습의 전형이 보인다.

> “인생에서 실천하는 삶의 길이 평탄하려면 어떤 처신이 요청되는가? 그윽한 사람이라야 바르고 굳으며, 인생길이 괜찮다!”[76]

---

76) 『周易』“履”: 履道坦坦, 幽人貞吉.

이 무엇을 의미하는가? 세상을 피해 숨어 살라는 말인가? 아니면 세상 속에서 정의롭게 당당히 맞서며 살라는 말인가? '상(象)'이 그것을 대변해 준다.

> "'그윽한 사람이라야 바르고 굳으며, 인생길이 괜찮다!' 이 말은 마음을 스스로 어지럽히지 않을 때 가능하다."[77]

해답이 처리되었다. '마음을 스스로 어지럽히지 않을 때 가능하다!' 결국은 '마음을 가지런히 정돈'하는 문제로 귀결된다. 교육이나 학문의 과정도, 이런 '유인(幽人)'을 요청할까? 정이는 고민했다.

> "인생을 실천하는 교육의 길은 '안정(安靜)'에 있다. 편안하고 고요한 마음! 마음이 편안하고 바르면, 삶의 실천으로서 교육은 편안한 상태에서 넉넉하게 지속할 수 있다. 그러나 마음이 조급하게 움직이면 삶의 실천, 그 교육 사업이 어찌 안정된 상태에서 수행되겠는가? 어렵다! 은둔하고 있는 유인(幽人)의 경우, 한결같이 단단한 마음을 지니고 안정되어 있기에, 개인적 욕망을 드러내어 인생 교육을 망치거나 어지럽히지 않는다."[78]

한마디로 말하면, 교육은 '안정(安靜)'을 염원한다. '안정(安定)'이 아니다. 몸과 마음이 편안한 삶! 한가한 사람으로서 유인(幽人)을 꿈꾼다. 자리로 보면, 두 번째 효에 있는 만큼 낮은 관직이다. 하급 공무원이나 일선에서 뛰는 낮은 직위에 비유할 수 있다. '사(士)'

---

77) 『周易』"履": 幽人貞吉, 中不自亂.
78) 『易傳』"履": 履道在於安靜. 其中恬正, 所履安裕, 中若躁動, 豈能安履. 必幽人, 能堅固, 中心安靜, 不利欲亂.

계급으로서 당당히 자신의 업무를 맡고는 있으나 때로는 한가하면서도 쓸쓸하다. 산림에 은거하여 고독을 즐기는 선비와도 같다.

이 대목을 교육의 시선으로 바라볼 때, 문제는 '시대 차이'이다. 농본주의(農本主義)와 자본주의(資本主義)의 거리만큼, 공감대를 찾기가 쉽지 않다. 대부분의 인간이 출세를 지향하며 높은 자리로 나아가려고 하고, 돈을 모아 성공하려는 시대이다. 그 현실적 부귀영화를 뿌리치는 교육만을 말하기에는 너무나 비참한 현실이 가로놓여 있다.

그것을 염려라도 하듯, 1972년 '로마 클럽'의 제1차 보고서 「성장의 한계」에서는 환경과 개발에 관한 강한 우려를 표명하였다. 그리고 '지속가능한 발전(sustainable development)'이란 용어를 만들어 냈다. 생태계, 생명계의 유지, 생물종의 다양성 보전, 지속적으로 이용할 수 있는 자원의 확보! 교육이 미래 세대를 충실히 고려하려고 노력하듯이, 미래 세대가 그들의 필요를 충족시킬 수 있는 가능성을 손상시키지 않는 범위에서 현재 세대의 필요를 충족시키는 개발을 고민했다. 거기서 강력하게 등장한 개념이 '환경적으로 건전하고 지속 가능한 개발(ESSD: Environmentally Sound and Sustainable Development)'이었다.

이렇게 '지속(持續) 가능한 사회(sustainable society)' 또는 '지속 가능한 생활(sustainable living)'을 고려하는 반작용도 있다. 이런 반작용을 위안으로 삼아, 조심스럽게 교육에서 '유인(幽人)'의 의미를 고심해보는 것은 어떨까!

36

성패를 판단하기에 이른 화복미정禍福未定

인생에 성공이 있을까? 분명히 있을 것이다. 일반적으로 '부귀영화(富貴榮華)'라는 표현으로 살아가는, '행복'이라는 삶이 그것이리라. 인생에 실패가 있을까? 이 또한 분명히 있으리라. 성공과 동일한 논리를 따를 경우, '빈천누추(貧賤陋醜)'의 삶에 머무르며 '불행'이라는 이름에 머무는 경우이리라. 하지만 불교(佛敎)의 깨달음으로 볼 때, 그런 것은 '허무(虛無)'의 대지(大地)를 어슬렁거리는 바람의 소리와도 유사하다.

성철(性徹, 1912~1993) 스님을 출가(出家)로 이끌었다는 동산(東山, 1890~1965) 스님의 법문(法門)이 떠오른다.

> "여기에 길이 있다. 아무도 그 비결(祕訣)을 말해 주지는 않는다. 그대 스스로 그 문(門)을 열고 들어가기까지는. 그대 스스로 그 문(門)을 열고 들어가기까지는. 그러나 그 길에는 문(門)이 없다. 그리고 마침내 길 자체도 없다!"

여기에서 '있는 길'은 처음에 등장한다. 마지막에는 '없는 길'이 등장한다. 그 사이에 세 번이나 울리는 '문(門)', 이 영원의 깨우침은 무엇일까? 그냥, '여기 이때'가 아닌가!

인생의 성공과 실패를 함부로 재단하기 힘들 듯, 교육의 성공과 실패는 어떻게 규정할 수 있을까? 어떤 경우이건, '미정(未定)'은 아닐까? 청소년 시기에 교과목 학습이 우수하건 부진하건, 직장 생활이나 자영업의 과정에서 성공했던 실패했건, 그것은 순간에 판단되는 무상(無常)의 가치가 아닐까? 『주역』 '리(履)'괘의 여섯 번째 효(上九:⚊)에 성패(成敗)의 열쇠가 보인다.

> "인간이 삶을 통해 실천한 사안을 보고, 인생이 괜찮은지의 여부를 돌아보라! 일이 잘 되도록 두루 힘쓰는 가운데 좋은 일이 많아질 가능성이 보인다."[79]

이 '좋은 일이 많아질 가능성의 세계', '인생의 아름다움'에 관해, 정이의 『역전』은 다음과 같이 풀이한다.

> "인간 사회가 실천한 일은 그 처리 상황을 돌아봐야 한다. 처음부터 끝까지 두루 힘쓰고 완벽하게 마쳐 흠이 없다면, 가장 훌륭하게 일을 수행한 것이다. 그것이 지속하는 힘으로서 길(吉)이다. 삶의 길흉(吉凶)은 인간이 실천한 일에 달려 있다. 선악(善惡)의 많고 적음은 다름 아닌 길흉(吉凶)의 작고 큼이다."[80]

삶의 핵심, 교육적 실천의 요체는 '주완(周完)'이다. '맡은 사안에 대해, 두루 힘써 일을 완결 짓는 작업!' 다시 말하면, 그것이 어떤

---

79) 『周易』"履": 視履考祥, 其旋元吉.
80) 『易傳』"履": 人之所履, 考視其終. 終始, 周完无疚, 善之至也. 是以元吉. 人之吉凶, 係其所履, 善惡多寡, 吉凶小大.

사안이건, '나는 일 처리를 온전하게 했느냐?'의 여부에 관한 진지한 물음이다. 인생의 성패는 그것에 달려 있다. 교육이 그것을 뒷받침한다. 주희는 『주역본의』에서 다시 풀이한다.

> "삶에서 이행해야 할 작업의 처리 상황을 보고, 괜찮은 일인지 아닌지를 돌아보라. 두루 힘써 이지러짐이 없으면, 처음부터 잘 수행되어 순조롭게 이어진다. 교육받은 존재는 인간의 삶이 어떻게 실천되었는지 살펴봐야 한다. 그것이 중요하다. 삶의 성패는 아직 정해지지 않았다!"[81]

삶의 성패는 아직 정해지지 않았다! 이 지점에서 교육이 간절하다. 어떤 성공을 요청해야 할까? 버트란트 러셀(Bertrand Arthur William Russell, 1872~1970)의 열정적 예언이 문제 해소의 실마리를 줄 수도 있으리라.[82]

교육과 관련하여 '활력(活力)'과 '용기(勇氣)', 그리고 '감수성(感受性)'과 '지성(知性)'은 매우 중요하다.

'활력'은 정신적 특질이라기보다 오히려 생리적인 것이다. 완전한 건강이 있는 곳이라면 언제나 존재한다. 원기 왕성한 어린이의 경우, 학교에 입학하기 전에 이미 절정을 이룬다. 활력이 있으면 어떤 특별한 즐거운 환경이 아니더라도 즐거움이 샘솟는다. 활력은 기쁨을 증가시키고 고통을 적게 한다. 외부 세계에 관한 흥미를 촉진시킨다. 곤란한 일을 극복하는 힘을 준다. 그러기에 인간이 지녀야 할 중요한 삶의 에너지이다.

---

81) 『周易本義』"履": 視履之終, 以考其祥. 周旋无虧, 則得元吉. 禍福, 視履未定.
82) 버트란트 러셀(안인희 옮김), 『러셀의 교육론』, 서광사, 2011, 참조.

용기는 다양한 형태를 지니고 있으면서 복합적인 양상을 띤다. 공포가 없다는 것도 용기이고 공포를 자제하는 힘도 용기이다. 두려워하는 것이 합리적일 때 두려워하지 않는 것도 용기이고, 두려워하는 것이 비합리적일 때 두려워하지 않는 것도 용기이다. 인간이 용기를 기르는 일은 매우 중요하다. 그러나 문제가 있다. 그 방법이 억압적이면 실행에 옮겨졌을 때 언제나 해악이 따라온다! 용기 있는 모습을 만들기 위해서는 늘 수치심과 굴욕감이 강력한 무기로 이용된다. 용기는 보편성을 띤 용기를 중심으로 보다 근본적인 행위를 요구할 필요가 있다. 그것은 자존심과 인생에 대한 비개인적 인생관의 융합이다. 어떤 사람은 스스로 독자적인 인생을 산다. 또 어떤 사람은 이웃의 감정이나 말에 따라 사는 단순한 거울에 불과하다. 후자에 속하는 사람들은 결코 진정한 용기를 가질 수 없다!

감수성은 어떤 의미에서 단순한 용기의 변형이다. 여러 가지 위험을 이해하지 못한 사람에게 용기 있는 행동은 그리 어렵지 않다. 그러나 이 같은 용기는 때로는 어리석은 것이 된다. 무지나 건망증에 의해 생긴 행동은 결코 바람직하지 않다! 감수성은 정서[감성]에 속한다. 많은 자극이 사람에게 여러 가지 감정을 유발시킬 때, 정서적으로 감수성이 있다. 감성이 좋은 것이 되려면, 적절해야 한다. 감성은 여러 사물에 의해 그리고 옳은 일에 의해 유쾌한 것이 되기도 하고 그 반대가 되기도 하기 때문이다. 그것은 인정과 공감, 그리고 인지를 통해 지성으로 이어져야 한다.

지성은 '실제의 지식'과 '지식의 수용성', 이 두 가지를 포함한다. 지성은 이미 획득된 지식이 아닌, 획득할 수 있는 능력이다. 이러한 지성 없이는 이 복잡한 세상은 존속 불가능하다. 진보를 생각할 수 없다. 이런 차원에서 '지성의 개발'은 교육의 가장 중요한 목적이다. 다시 강조한다. 지성은 인간의 삶에 필수적인 정신적 습관을 발견하는 작업에서 나온다. 지성의 개발을 위해서는 지적 생활이 중요하다. 지적 생활의 본능적 기초는 호기심이다. 지성은 일정한 종류에 관한, 활발한 호기심을 요구한다. 호기심이 결실을 맺기 위해서는 지식 획득을 위한 어떤 기술과 연결되어야 한다. '관찰'하는 습관, 지식의 가능성에 대한 '신념'과 '인내심', 그리고 근면성이 그것이다.

활력-용기-감수성-지성, 이 네 가지를 유기체처럼 갖춘 세상은 교육이 산출할 수 있는 최고의 수준에서 지금까지 존재해 온 어떤 사회와도 다를 것이다. 불행한 사람은 극소수가 될 것이다. 현재 불행의 주요 원인은 질병과 가난, 그리고 만족스럽지 않은 성생활이다. 이 모든 것은 점차 사라지리라. 건강은 거의 일반화되었고 노인들은 장수할 것이다. 빈곤은 산업혁명 후 전적으로 집단적인 어리석음 때문에 생긴 것이다. 감수성은 사람들에게 빈곤에서 벗어나기를 바라게 할 것이다. 지성은 그 방법을 알려 줄 것이다. 그리고 용기는 그 방법을 채택하도록 이끌 것이다. 하지만 비겁한 사람은 뭔가 달라지는 것보다 비참한 상태로 남아 있기를 바랄 것이다. 현재, 대부분의 사람들의 성생활은 다소 불만스럽다. 이것은 어떤 부분에서는 교육의 잘못이다. 어떤 부분은 권력집단이나 왜곡된 존재들에 의한 박해 때문이다. 불합리한 성에 대한 공포 없이 자란 여성들의 시대가 오면 이런 일은 끝나게 될 것이다. 여성들을 정숙하게 만드는 유일한 방법은 공포였다. 그래서 여성들을 심신양면으로 겁쟁이로 만들었던 것이다. 애정이 구속당했을 때 여성들은 남편의 마음 속에 잔인성과 위선을 조장한다. 그리고 자녀들의 본능까지도 일그러뜨린다. 한 세대만이라도 여성이 공포를 지니지 않는다면 세상은 변화할 것이다. 부자연스런 모양으로 뒤틀리게 하지 않고, 솔직하고, 분명하고, 관대하고, 사랑스러운, 그리고 자유롭고 공포를 모르는 아이들의 세대가 되어, 이 세상을 바꾸어 놓을 것이다. 여성들의 열망은 태만하고, 비겁하고, 완고하고, 우매한 까닭에 일어난 오늘날의 고통과 잔인성을 한꺼번에 없앨 수 있을 것이다. 이와 같은 악덕(惡德)을 인간에게 제공한 것이 다름 아닌 교육이다. 또한 이와 정반대의 덕목을 인간에게 가르치는 것도 교육이다. 때문에 교육은 새로운 세상을 여는 열쇠이다.

37

사귐의 미학으로 가는 교통交通

『주역』“태(泰:䷊)”괘에는 교육의 양상을 지시하는 소중한 언표가 등장한다. 내가 눈여겨 본 것은 ‘태(泰)’의 의미도 있지만, ‘교(交)’의 인생 게임이다.

주희는 『주역본의』에서 ‘태(泰)’를 ‘통(通)’으로 풀이했다. 통(通)은 일상 언어로는 그냥 ‘통하다’라고 말하지만, ‘시공간에 두루 미치다’, ‘사방팔방으로 꿰뚫리다’, ‘여기저기 훤하게 비치다’, ‘이곳저곳을 오가다’ 등 ‘소통(疏通)’이라는 의미와 이미지를 곳곳에 장식한다. 그 소통의 징검다리에 ‘교(交)’가 자리한다. 교(交)의 뜻을 고민해 봤다. 평소 ‘사귀다’라고 명명되는 저 부드러우면서도 알기 힘든 언표는 무엇일까? ‘꼬이다’, ‘엮이다’, ‘섞이다’, ‘합하다’, ‘녹여 넣다’, ‘요청하다’, ‘도와주다’ 등등, 이렇게 끊임없이 연장선을 그리며 꼬이는 언어 놀이에서, 교우(交友)의 우정(友情: friendship)이 돋아나는 교육 미학을 만들 수 있을까?

‘교통(交通)’은 ‘뚫기’이고, ‘교화(交和)’는 ‘섞이기’ 또는 ‘녹아들기’이며, ‘교제(交際)’는 ‘맞닿기’이고, ‘교합(交合)’은 ‘합하기’이다.

그런 표현들이 즐비하게 나오는 ‘지천(地天) 태괘(泰卦)’는 정말 길(吉)에 노출된, 좋은 의미를 가득 담은 점사(占辭)일까?

인간은 자신이 존재하고 있음을 지켜봐주는 누군가가 없다면,

존재하지 않은 것이나 마찬가지이다. 인간이 내뱉는 말은 다른 누군가가 이해할 수 있을 때까지는 아무런 의미를 가지지 못한다. 그리고 친구들에게 둘러싸여 지낸다는 것은 끊임없이 자신의 정체성을 확인받는 일이다. 친구는 사람을 알아주고 돌봄으로써 인간에게 무력함에서 벗어날 수 있는 힘을 불어 넣는다. 상당수의 친구들은 짧은 말로나마 나의 단점을 지적해줄 뿐만 아니라 그런 단점을 기꺼이 받아들이기까지 한다는 점을 밝힌다. 그렇게 함으로써 서로가 이 세상에서 설 자리를 확보하고 있음을 확인한다.[83)]

소통(疏通)으로 빚어진 진정한 친구들은, 절대로 세속적인 잣대로 인간을 평가하지 않는다. 인간으로서 교통(交通)하는 존재가 관심을 가지는 것은 인간의 '내면적 자아'이다. 친구 사이의 사랑은 외모나 사회적 지위에 전혀 영향을 받지 않을 수 있다. 진정한 친구는 큰 재산으로도 얻을 수 없는 사람과 존경을 베푼다! 삶이 기초가 되는, 이러한 우정을 확보하는 작업이 교육이어야 하리라.

83) 알랭드 보통(정명진 옮김), 『철학의 위안』, 청미래, 2012, 80-81쪽.

38

이루고 도와주는 존재의 재성보상裁成輔相

"태(泰)"괘의 '상(象)'을 읽다가 문득, 조선 궁궐의 상징인 경복궁(景福宮), 그 침전(寢殿)인 '교태전(交泰殿)'이 떠올랐다. '천지교태(天地交泰)'인 만큼 강렬한 의미가 더해지는 삶의 모습일까?

"하늘과 땅이 사귀는 형상이 태(泰)괘이다. 교육받은 사람으로서 인격을 제대로 갖춘 지도자가 이런 형상을 참고하여 자연의 질서를 정돈하였다. 그런 자연 질서에 따라 서로 도우며 인간 사회를 풍요롭게 가꾼다."[84]

정이는 『역전』에서 이 구절을 다시 의미를 부여하여 길게 설명했다.

"하늘과 땅이 사귀어 음과 양이 서로 응하면 모든 존재가 무성해지면서 이루어진다. 그런 상황이 태(泰)괘이다. 교육받은 사람이나 교양을 갖춘 인간은 하늘과 땅이 사귀는 모습을 체험하며 자연의 길을 정돈하여 이루고, 그 마땅함을 도와서 인간의 삶을 풍요롭게 만들어야 한다. '자연의 길을 정돈하여 이루다'라는 의미, 즉 '재성(財成: 裁成)'은

84) 『周易』"泰": 天地交泰. 后以, 財成天地之道, 輔相天地之宜, 以左右民.

> 하늘과 땅이 사귀면서 어울려 자연의 길을 제대로 가는, 자연스럽게 '이루는 상황'이다. 자연의 마땅함을 도와준다는 의미, 즉 '보상(輔相)'은 하늘과 땅이 사귀면서 세상의 존재를 도와주는, '의도적 도움'이자 배려이다. 교육받은 사람의 일은 이런 이치를 인식하고 실천하여 사람들의 삶을 풍성하게 다듬는데 기여하는 것이다. 풍요로운 삶의 세계! 봄기운이 만물을 펼쳐내면 파종하고, 가을기운이 성숙하여 만물을 알차게 만들면 수확하는 작업과도 같다. '도움'의 의미가 이런 것이다."[85]

주희는 『주역본의』에서 아주 간명하게 풀이한다.

> "재성(財成)하여 지나침을 억제하고, 상보(輔相)하여 미치지 않음을 보충하라!"[86]

즉 자연의 질서를 정돈하여 이루면서 지나치거나 넘쳐나는 부분을 조절하라! 자연의 질서에 따라 제대로 도와주되 미치지 않거나 모자라는 부분을 도와주라. 이는 간략하게 말하면, 『중용』이 강조하는 '과불급(過不及)'이다. 교육의 세계도 삶의 지나친 부분을 억제하고 미치지 않음을 돌아보는 지혜 양성에 다름 아니다.

---

85) 『易傳』"泰": 天地交而陰陽和, 則萬物茂遂, 所以泰也. 當體天地通泰之象, 而以財成天地之道, 輔相天地之宜, 以左右生民也. 财成, 謂體天地交泰之道而財制, 成其施爲之方也. 輔相天地之宜, 天地通泰, 則萬物茂遂, 人君體之而爲法制, 使民用天時因地利, 輔助化育之功, 成其豊美之利也. 如春氣發生萬物則爲播植之法, 秋氣成實萬物則爲收斂之法, 乃輔相天地之宜, 以左右輔助於民也. 民之生, 必賴君上爲之法制, 以敎率輔翼之, 乃得其生養, 是左右之也.

86) 『周易本義』"泰": 財成制過, 輔相補不及.

39

행복하게 살 수 있는 복지福祉 환경

인간의 수명이 늘어나면서, 80세 이상의 노인 인구가 전체 인구에서 차지하는 비율이 재빠르게 증가하는 추세이다. 출산율이 저하되고, 젊은이의 인구 비율이 줄어들면서 교육 현장도 이전과는 다른 양상을 펼치며 요동치고 있다. 노인의 경우, 연금을 비롯하여 인생 후반부를 제대로 누리기 위한 다양한 복지(福祉)가 초미의 관심사가 되기도 한다.

복지의 시대에, 인간의 행복(幸福)을 담보할 '복지'는 어디에 있을까? "태(泰)"괘의 세 번째 효(九三:⚊)와 다섯 번째 효(六五:⚋)에 '복(福)'과 '지(祉)'를 상징적으로 보여주는 인간의 염원이 드러나 있다.

구삼(九三): "세상일을 어렵게 여기고 바른 길을 지키면 허물이 없다. 그런 만큼, 근심하지 않더라도 그에 상응하는 의미를 얻는다. 그러기에 살아가며 복을 지을 수 있으리라!"

육오(六五): "교양을 갖춘 사람이 자식을 혼인시키는 형국이다. 집안일을 잘 처리하는 만큼 복을 받을 것이고, 점점 좋은 일이 많아지리라!"[87]

87) 『周易』"泰": 艱貞, 无咎. 勿恤, 其孚. 于食, …… 帝乙 歸妹. 以祉, 元吉.

'복(福)'은 '짓는 일'이고, '지(祉)'는 '받는 것'일까? 그렇게 '능동'과 '수동'의 양태로 구분된다면, '복지(福祉)'는 빚어나가는 창조의 적극성과 주워서 담는 방관의 소극성이 변증법적으로 작용하는가?

동서고금을 막론하고, 행복이나 복지에 관한 수많은 주장과 정책이 존재해 왔다.[88] 교육의 이상과 목적에서도 마찬가지이다. 그것이 참이건 거짓이건, 교육을 받으면 받을수록, '보다 행복할 수 있다!', '복지 수준을 끌어 올릴 수 있다!'라는 믿음이 전제된다. 그렇지 않다면, 지속적으로 단계와 수위를 높여가면서, 때로는 고통을 감수하면서, 교육을 진행할 이유는 없다.

서양철학에서 행복을 궁극적 목표로 추구한 것은 공리주의자들이었다. 그러나 행복은 그들만의 특권이 아니다. 인간의 보편적 요구이자 욕구이다. 문제는 행복의 의미와 그 실천에 관한 사항이 일관되지 않는다는 점이다. 행복이 무엇인지, 어떻게 하면 행복해질 수 있는지에 관한 인간의 사유는 시대에 따라, 지역에 따라, 개인에 따라 다르다. 고대와 중세, 그리고 근대와 현대, 각 시대별로 행복의 개념은 일치하지 않는다. 동일한 시대, 같은 문화권에 소속된 사람들 사이에서도 서로 다르게 인식된다.

정말, 행복이란, 또는 복지란 무엇일까? 늘 논란이다. 그렇다고 대중들과 전문가들이 동일한 정의나 답을 내놓는 것도 아니다. 어떤 사람들은 눈에 보이는, 누구나 알 수 있는, 부나 지위, 명예와 같은, 부귀영화(富貴榮華)를 누릴 때, '행복하다!'라고 한다. 하지만 또 어떤 사람은, 각기 다른 사안을 들고 나와 행복을 이야기한다. 이런 가운데 보편적인 행복의 요소들은 엄연히 드러난다. 건강 또는 최

88) 이충진, 『행복철학』, 이학사, 2020, 참조.

소한 고통이 없는 상태, 생존을 보장해줄 정도의 재산, 기본적인 의식주(衣食住) 등이 행복의 필수요건이라는 것은 분명하다. 이런 조건들이 충족되면 행복할까?

철학자들은 저마다 생각을 달리했다. 개인적 처지에 따라 행복을 전혀 다르게 생각하고, 행복에 대한 취향이나 그 구성요소도 성격에 따라 조금 더 소박하거나 보다 화려하다고 판단하기 때문이다. 어떤 사유이건, 행복은 인간 실존의 유희적이며, 자신과 거리를 둘 수 있는 성격을 요구하지 않고서는 이루어질 수 없다! 까뮈(Albert Camus, 1913~1960)의 표현을 빌리면 이해가 쉽다.

> "그때 내가 느꼈던 것은 바로 그 감정, 내가 나의 역할을 잘 해냈다는 그 느낌이었다. 나는 인간으로서 내가 맡은 일을 다 했다. 내가 종일토록 기쁨을 누렸다는 사실이 유별난 성공까지는 아니라 하더라도, 어떤 경우에는 행복해진다는 것만을 하나의 의무로 삼는 인간 조건의 감동적 완수라고 여겨지는 것이었다."[89]

인간은 나이가 들수록 행복으로 가는 길목에서 선택할 수 있는 여러 가지 가능성을 잃어버리게 된다. 그것도 적극적으로. 이는 자아를 실현한 대가이다. 대부분의 사람들은 과거로 눈길을 돌려 지금보다 행복했던 시절, 또는 최소한 조금 더 행복했던 순간을 회상하며, 현재 자신이 겪고 있는 삶의 상실과 이별이 주는 고통을 달랜다. 물론 이와 정반대의 길을 가는 경우도 있다. 그것이 인간이다.

그렇다면, 행복은 가르칠 수 있는 것일까? 행복해지는 방법을

---

89) 콜라트파울 리스만·게오르크 쉴트함머(최성욱 옮김), 『행복』, 이론과 실천, 2014, 18쪽.

배울 수 있을까? 나 자신이 혼자서도 행복한 삶을 가꾸어 갈 수 있고, 다른 사람들과 함께 공동의 행복에 도달할 수 있는, 그런 '행복교육(幸福敎育)'이 있을까? 나아가 그런 행복교육을 받으면 인간사회가 보다 행복해지는 걸까? 현재로서는 모르겠다. 단지, 미래에 그렇게 되었으면 하는 꿈은 꾸고 싶다.

또 다른 문제가 인간의 삶을 추동한다. 첨단과학기술문명이다. 나날이 발전하고 있다! 아니다. 이런 표현은 '첨단' 문명을 모독하는 발언이다. 그만큼 급격하게, 혁명적 변화를 거듭하고 있다. 다시, 행복은 무엇일까? 현재 유행하는 행복의 기준에 맞추기 위해, 어떤 조치가 필요할까? 첨단과학기술문명의 진보는 현실에서 탈출할 수 있는 새로운 기회를 마련해 주었다. 그것은 상상을 초월하는 전혀 낯선 길이다. 가상현실(假想現實, VR: virtual reality), 증강현실(增强現實, AR: augmented reality), 인공지능(人工知能, AI: artificial intelligence), 등 인간의 생래적(生來的) 몸이 누리는 1차적 삶이 누렸던 행복, 그것을 넘어, '제2의 삶', '제3의 삶'이 진정한 행복을 가져다 줄 수 있을까?

『주역』"태"괘의 구삼(九三)과 육오(六五)의 메시지를, 현재 시점에서 받아서 응용한다면 무엇으로 풀이할 수 있을까? 세상일을 어렵게 여기고 바른 길을 지켜라! 그에 상응하는 의미를 얻고 행복이 다가오리라! 일을 잘 처리하는 만큼 행복하고, 행복한 일이 더욱 많아지리라!

40

인간의 길에서 느끼는 상인불식相因不息

『주역』"비(否)"괘에서 '비(否)'는 막힘을 상징한다. 그런데 "비(否)"의 괘사(卦辭)는 '막힘'이 인간의 길이 아님을 강력히 선언한다.

"비(否)는 인간의 길이 아니다!"90)

정이가 『역전』에서 풀이한 내용이 그것을 더욱 선명하게 만든다.

"하늘과 땅, 그 사이에 인간이 자리한다. 하늘과 땅이 서로 사귀면서 온갖 존재가 생겨나는 가운데 인간도 성장한다. 그것이 '천-지-인(天-地-人)'의 삼재(三才)가 어울리는 힘이다. 모든 존재 가운데 인간이 가장 영특하다. 그러므로 모든 존재의 우두머리가 된다. 모든 존재의 우두머리로서 주체적 역량을 발휘하기에, 하늘과 땅 가운데 드러난 존재는 모두 인간이 가는 길과 관계한다. 그것이 '인도(人道)'이다. 하늘과 땅이 사귀지 않을 경우, 모든 존재는 태어나는 존재 근거를 상실한다. 어떤 존재이건 나타날 수가 없다. 인도(人道)의 부재(不在)! 세상의 모든 존재는 사라지고 자라나며 닫히고 열린다. 그러기에 존재와 존재는 서로 쉬지 않고 원인을 이루는 근본 동기로 자리한다. 돌고

90) 『周易』"否": 否之匪人.

도는, 무상(無常)과 불변(不變)의 결을 따라 존재를 시험한다."[91]

교육이 사람 사이에 서로 쉬지 않고, 서로 원인이 되는, 서로가 존재의 근본 동기로 작용한다면, 무엇을 그치지 않게 해야 할까? 서로 원인이 되어 쉬지 않고 나아가는, 저 장구한 인연의 노래! 상인불식(相因不息)! 그 소통(疏通)과 교호(交互)만이 존재의 생명이리라.

---

91) 『易傳』"否": 天地交, 萬物生, 三才備. 人爲最靈, 萬物之首. 生天地中, 皆人道也. 天地不交, 不生萬物, 无人道. 消長闔闢, 相因不息, 无常不變.

41

안정감을 보태는 상하상교上下相交

『주역』“비(否)”괘, 그 ‘막힘’의 부정적 사태에 대해, 인간은 상당히 긴장한다. 긴장의 사이사이에는 서로 사귀고 엮이는 ‘상교(相交)’의 몸부림을 드러낸다. ‘단(彖)’의 언급은 서로에 관한 경계 자체이다.

> “하늘과 땅이 사귀지 않아 모든 존재가 소통하지 못한다. ‘위-아래’가 사귀지 않아 세상에 나라다운 나라가 존재하지 않는다! 교육받지 못한 조무래기들이 안에 있고 교육받은 인격자가 밖에 있는 모양새이다. 그러니 소인배들이 마구 설치고 교양을 갖춘 사람들의 상식적인 삶의 양상이 사라진다.”[92)]

정이는 『역전』에서, 이런 정치와 교육의 논리가 어떤 의미인지 재삼 강조한다.

> “세상의 기운이 서로 사귀지 않으면, 존재가 생성되는 이치가 없다. 위아래가 올바른 도리로 사귀지 않으면, 세상에 건설된 나라에 올바

---

92) 『周易』“否”: 天地不交，萬物不通. 上下不交，天下无邦. 內小人，外君子，小人道長，君子道消.

른 도리가 없다. '나라를 세운다.'라는 것은 다스림을 진행하는 근거이다. 윗사람은 정치와 교육을 베풀어 아랫사람을 다스리고, 아랫사람은 윗사람을 받들어 명령을 따라야 한다. 위아래가 서로 사귀는 것은 제대로 교육받고 다스려져 편안하게 살기 위한 인간의 길이다. 그런데 이제 위아래가 서로 사귀지 못하니, 이는 세상에 나라다운 나라의 올바른 상식이 없다는 말이다. 조무래기들의 비상식이 활개를 치고 교육받은 사람의 상식이 사라지는 때이다."[93]

'상교(相交)'는 정치와 교육을 비롯한, 인간 삶의 전제조건이다. 그것이 없는 교육은 생명력을 감퇴시키며 죽음을 추동한다. 교육의 이름을 빌린, 비교육(非教育)이다. 아니 교육의 반대방향으로 반교육(反教育), 또는 역교육(逆教育)이자, 침몰하는 여객선의 처참함과도 같다. 안정감을 찾으려는 교육의 저편에는, 늘 사귀고 엮이려는 맞은편의 타자가 전제되어 있다.

93) 『易傳』"否": 天地之氣, 不交, 萬物, 无生成之理. 上下之義, 不交, 天下, 无邦國之道. 建邦國, 所以爲治. 上施政以治民, 民戴君從命. 上下相交, 所以治安. 今上下不交, 天下, 无邦國之道. 小人道長, 君子道消之時.

42

어려운 시간을 견뎌내는 검덕피난儉德辟難의 지혜

『주역』“비(否)”괘는 세상의 존재들 사이가 서로 막혀 있는 ‘불통(不通)’의 시대를 형상화 했다. 소인배들이 득세(得勢)하는 시기이다. 때문에 교육받은 사람들은 숨어서 혼란을 피한다. 몰상식의 존재들이 높은 연봉이나 권력을 가진 지위로 유혹해도 세상에 나오지 않는다. 교육받은 인간, 교양 상식을 지닌 사람들에게는 참 답답한 사회 상황이 지속된다. 혼란스런 사태의 연속이다. 이 혼란을 극복할 수 있는 강력한 무기가 다름 아닌 ‘자기교육(自己教育)’이다.[94]

인간은 편안할 때건, 곤란할 때건, 먼저 나를 이겨야 한다. 그래야 세상을 이긴다. 인간에게는 두 가지 교육이 있다. 하나는 남에게서 받는 교육이고, 다른 하나는 자기 스스로 이루는 교육이다. 남에게서 받는 교육보다 스스로 이루는 교육이 훨씬 중요하다. 어려움에 부딪치면 용기가 꺾이고 폭풍 앞에서 무릎을 꿇는 자가 있는가? 이런 자는 큰일을 하지 못한다. 극복하려는 의지로 가슴이 충만한 사람이 있는가? 이런 사람은 결코 실패하지 않는다.

불통의 시대, 그 혼란의 시절을 견뎌내고 그것을 초월하여 소통의 시공간을 열어나가려면, 어떤 조치를 취해야 하는가?

---

94) 새뮤얼 스마일스(장만기 옮김), 『자조론』, 동서문화사, 2017, 324쪽, 참조.

다시 강조한다. '인간의 교육 가운데 가장 의미 있고 훌륭한 것은 스스로를 가르치는 교육이다!' 그 '단련(鍛鍊)'은 자신의 덕(德)을 다지는 시간이다. '검성(劍聖)'이라 불리는 미야모토 무사시(宮本武蔵, 1584~1645)는 강조했다.

> "무사가 진정한 무예를 익히려면 1,000일, 또는 10,000일 이상 몸을 두드리고 담금질해야 한다. 이때 1,000일의 연습을 단(鍛)이라 하고 10,000일의 연습을 련(鍊)이라 한다."

연습의 누적이자 온몸을 던지는 열정이다. 이렇게 어려운 시간을 견뎌내며, 스스로를 가르친 사람들이 사회를 밝게 만드는데 기여한다. 문학이나 예술, 과학 등의 분야에서 뛰어난 사람들을 보면, 거의 스스로 배워서 그만큼 성취하였다. 유치원에서 대학에 이르기까지, 학교에서 받는 교육은 단지 기초에 지나지 않는다. 그것은 마음을 훈련시키고, 연속적으로 공부에 전념할 수 있는 습성을 길러준다는 점에서 가치가 있다. 다른 사람이 나에게 가르쳐주는 것은, 근면과 인내, 열정을 담은 노력을 통해 나 스스로가 얻는 것보다 언제나 가치가 떨어진다.

노력해서 얻은 삶의 지식, 그것은 하나의 소유물, 즉 완전한 나의 재산이 된다. 그렇게 얻은 지식은 더욱 생생하고, 오래 지속되는 인상을 주기 때문에 마음에 깊이 새겨진다. 하지만, 남에게서 전수받은 지식은 쉽게 그렇게 되지 않는다. 요컨대, '자기수양', 자기교육은 스스로 힘이 나게 하고, 그 힘을 더욱 계발시켜 준다. 하나의 문제를 풀면, 또 다른 문제를 풀게 되고, 그것이 반복되는 가운데 역량은 커진다. 그러므로 교육받은 사람은 "자신의 노력으로 쌓은 덕을 아끼고 어려운 상황을 피한다!"라고 했다.

검덕피난(儉德辟難)!

43

사유의 경계에서 보내는 심려원계深慮遠戒의 메시지

불통(不通)을 소통(疏通)으로 전환하는 시간에는 깊은 사유와 멀리 내다보는 경계심이 자리한다.

심려원계(深慮遠戒)!

하지만 인간은 겉으로 보기와 다르게, 상당히 폐쇄적인 경향을 지니고 있다. 말로는 자연스럽게 소통을 강조하지만, 실제 행동은 인위적으로 불통을 사수(死守)하는 경우도 많다. 그런 만큼, 인간 사회에서, 마음먹기에 따라, 언제나, 소통이 가능하다는 생각에 빠지면, 어김없이 불통의 그림자가 다가온다. 소통이라는 긍정적 언표에 사로잡히지 말라! 인생을 편안히 여기고 마음을 놓아서는 더욱 곤란하다.

이런 불통의 막힘을 제거하기 위한 방편이 '심려(深慮)'와 '원계(遠戒)', 즉 '깊은 사유'와 '멀리 내다보는 경계심'이다. 이때의 사유와 경계는 일상을 담금질하는 교육의 과정에서 획득할 수 있으리라고 가정한다. 정말 그럴까? 삶의 단련과정에서 그것을 성취할 수 있을까? 가능하다는 전제를 앞세웠기에, 교육은 희망을 불어넣는다.

하지만 교육의 위험한 화두(話頭) 가운데 하나가 '불통'이다. 이는 재발에 강력하게 노출되어 있는 난치병(難治病)과도 같다. 어쩌면 교육으로 해결할 수 없는 불치병(不治病)인지도 모른다. 그래도 소통을 향한 교육이 가능할까?

44

지혜가 집중되어야 할 위·망·란危·亡·亂

“비(否)”괘의 다섯 번째 효(九五:⚊)에, 막히는 불통의 사태를 해소하는 장면이 등장한다. 그것은 삶의 긍정적 현상이다.

“막힌 상황을 그치게 하는 교양인의 긍정성!”[95] 이는 “‘망할까 망할까?’, ‘정말 망하면 어쩌지!’라고 하며 두려워하는”,[96] 그런 마음을 먹고 자라나는 새살이다.

그 중심에 세 가지 고려해야 할 삶의 지혜가 녹아 있다. 「계사전(繫辭傳)」의 구절이 간략하면서도 역설적인 발언으로 교육의 방향을 지시한다.

첫째, 위태한 상황이 발생하는 것은 자기 자리를 편안하게 여기고 안일한 삶을 영위하는 경우이다.: 위자(危者), 안기위(安其位)!

둘째, 망하는 상황이 발생하는 것은 자기가 보존하고 있는 것을 자기의 인생만을 위해 억지로 지키려는 경우이다.: 망자(亡者), 보기존(保其存)!

셋째, 어지러운 상황이 발생하는 것은 자신이 다스리고 있는 사안을 그대로 간직하려고만 하는 경우이다.: 난자(亂者), 유기치(有其治)!

---

95) 『周易』“否”: 休否, 大人吉.
96) 『周易』“否”: 其亡其亡.

그러기에 교육받은 사람은 삶의 지혜를 발동한다.

현재 편안해도 미래에 위태로워질 수 있는 상황을 잊지 않고 대비한다.: 안이불망위(安而不忘危)!

현재 보존해도 미래에 망할 수 있는 상황을 잊지 않고 예비한다.: 존이불망망(存而不忘亡)!

현재 다스려져도 미래에 어지러워질 수 있는 상황을 잊지 않고 준비한다.: 치이불망란(治而不忘亂)!

45

정점에 이르러 돌아오는 극이필반極而必反

대부분의 사람들은 연말(年末)이 다가오면, 이런 생각에 사로잡힌다. 지난 한 해가 추억의 액자로 들어가기에 아쉬움이 밀려오고, 내년을 맞이할 비망록을 준비하면서 부품 가슴을 드러낸다. 꽉 막힌 한 해를 보냈다면 더욱 그러하다. "비(否)"괘의 여섯 번째 효(上九:⚊)는 그런 아쉬움과 설레임 사이에서 희망을 비춘다.

> "막힌 것은 기울어지면서 뚫리게 마련이다. 앞에서는 막혀 있었지만, 뒤에서는 뚫려 긍정적인 사태가 다가올 것이다."[97]

세상의 모든 이치가 이러하다. 사물이 지닌 존재의 결이 그러하다. 정점(頂點)에 이르면 반드시 돌아온다. '극이필반(極而必反)!' 불통이 소통으로 전환되는, 다른 양상으로 나아가는, 일종의 터닝 포인트(turing point)이다. 반대로 소통이 불통이 되기도 한다.

소통에서 불통이건, 불통에서 소통이건, 어떤 경우를 막론하고, 문제는, 통(通)의 지속(持續)을 희구한다. 인생 자체가 확 뚫려 있기를 소망한다. 하지만 진리는 영원한 지속이 없는, 변화무상(變化無常)의 법칙으로 정돈된다.

97) 『周易』"否": 傾否, 先否, 後喜.

교육이 불변의 영원한 진리를 추구했다면, 그 자리는 언제나 슬픔으로 가득하다.

46

불통의 끝에 걸린 희망, 리상理常

『주역』“비(否)”괘 여섯 번째 효인 상구(上九:⚊)의 ‘상(象)’은 교육이 끌어안아야 할 거대한 원리를 지시한다.

> “막힘이 끝나는 단계에서는 기울어지면서 뚫리게 마련! 막힌 상태가 어찌 영원히 지속되겠는가?”[98)]

어떤 존재이건, 어떤 상황이건, 어떤 인생이건, 정점에 또는 최악에 이르면, 되돌아오게 마련이다. 『노자도덕경』에는 다음과 같은 간략하면서도 강렬한 언급이 있다.

> “돌이키는 일, 그것이 자연의 길을 움직이는 힘이다!”[99)]

자연의 길은 반복 순환한다. 논리상 원래의 자리로 돌아간다. 그것은 ‘상반상성(相反相成)’이자 반향운동(反向運動)이며 반복순환(反復循環)이다. 상반 대립되는 것으로 이루어져 있으면서도 그 대립되는 것이 서로 존재할 수 있는 원인이 되기도 하고 서로 자리바

---

98) 『周易』“否”: 否終則傾, 何可長也.
99) 『老子道德經』 40章: 反者, 道之動.

꿈을 하기도 한다. 한 곳에만 고여 있는 것이 아니라 끊임없이 돌고 도는 영원무궁한 순환운동을 한다.[100] 그 극치의 지점에서 전환을 보라.

> "극단에 이르면 반드시 되돌아옴, 이것이 자연의 질서요 세상의 이치다!"[101]

그러나 위태로운 상황을 편안하게 만들고, 어지러운 상태를 정돈하는 작업에는 반드시 교육이 개입해야 한다. 그런 개입은 교육받은 사람이 세상을 변화할 수 있는 능력을 발휘할 때, 가능하다. 이 재주의 소유가 교육의 존재이유를 옹호할 수 있는 요건이다.

---

100) 박희준 평석, 『백서도덕경－老子를 읽는다』, 까치, 1991, 158－159쪽, 참조.
101) 『易傳』"否": 極而必反, 理之常.

47

더불어 살기 위한 광원무사曠遠无私의 태도

인간은 모여서 살아간다. 그 모임을 '사회(社會: society)'라고 한다. 사회는 사람이 함께 하는 공동체(共同體: community)이자 조직(組織: organization)이다. 인간이 사회를 이루어 살아가는 이유는, 어쩌면 아주 간단한 것인지도 모른다. 정이는 『역전』에서 강조한다.

> "세상이 소통 없이 막혔을 때, 반드시 다른 사람과 힘을 함께 합쳐 뚫어야, 사회를 구제할 수 있다!"[102)]

다른 사람들과 힘을 합쳐 나가기 위해서는, 타인을 대하는 삶의 자세가 어떠해야 하는지 고민할 필요가 있다. 쇼펜하우어는 말한다.

> "이 세상을 살아가려면, 여러 측면에서 조심해야 하고 사람들 사이에 아량이 필요하다. 조심은 손해와 손실로부터 아량은 충돌과 분쟁으로부터, 삶을 미리 보호하게 해 준다. 인간사회에서 살아가야 하는 사람은 어떤 개성이건, 일단 자연으로부터 주어진 것이라면 설사 그것이 고약하고 보잘것없더라도, 또는 괴상한 것일지라도, 절대 배격해서는 안 된다. 오히려 이런 사람들을 형이상학적 원리에 따라, 있는 그대로

---

102) 『易傳』"同人": 世之方否, 必與人同力, 乃能濟.

있게 한, 불변한 것으로 인정해야 한다. 극단의 경우에는 '이런 사람도 세상에는 있어야 한다!'라고 생각해야 할 것이다. 그렇지 않고 이와 다른 태도를 취한다면, 그 사람이 나쁜 것이고, 타인의 숨통을 끊는 처사로 비난받아 마땅하다. 인간은 본래의 개성, 다시 말해, 도덕적 성격, 인식 능력, 기질, 용모 등, 어떤 것도 바꿀 수 없기 때문이다. 어떤 사람의 본질을 무작정 공박하면, 그는 인간 가운데 있는 적을 물리치려고만 할 것이다. 그것은 '그에게 바꿀 수 없는 그의 본질이 바뀐다.'라는 조건하에서만 생존의 권리를 허용하려고 한다. 따라서 인간사회에서 살아가기 위해서는, 모든 인간에게 주어진 개성이 어떤 상태에 있든지, 그 개성을 포함해 그 사람을 인정해야 한다. 그 사람이 지닌 개성의 종류와 성질을 있는 그대로 두고, 이를 주로 이용하도록 해야 한다. 그리고 그 개성의 변화를 바라거나 있는 그대로의 개성을 무작정 나쁘다고 경멸해서는 안 된다. 이것이 바로, '살기도 하고 살리기도 한다!'라는 속담의 참된 의미이다.

이 과제는 정당하지만 결코 쉬운 일이 아니다. 여러 가지 개성을 가진 사람들과 언제나 상종하지 않고 지내는 사람은 행복하다고 할 수 있다. 어쨌든 우리가 사람에게 시달리면서도 참는 법을 배우기 위해서는 무생물을 상대로 자기 인내력을 기르는 것이 좋다. 무생물은 기계적으로, 또는 그 밖의 물리적인 필연성에 따라 우리가 하는 행위에 대하여 완강하게 저항한다. 이것을 상대로 수련을 쌓는 기회는 얼마든지 있다. 이렇게 해서 얻게 된 인내를 점점 다른 사람들에게 적용하는 법을 배워야 한다."[103]

'인간사회'라는 세상의 소통을 위해, 타인과 더불어 힘을 모으고

103) 쇼펜하우어(권기철 옮김), 『철학적 인생론』, 동서문화사, 2016, 303－304쪽.

합치려는 노력! 『주역』의 열세 번째 괘인 "동인(同人:䷌)"괘가 "비(否)"괘 다음에 자리하는 이유이다. 하지만, 단순하게 사람이 모인다고 힘이 합쳐지거나 소통이 원활하게 진행되는 것은 결코 아니다. 인간이 더불어 할 수 있는 정말 중요한 조건이 기다린다.

그 핵심은 '개인적 차원에 얽매이지 않아야 한다!'라는 점이다. 가장 공정한 자세로 사람들과 함께 하려는 열정이 가득해야 한다. 지공대동(至公大同)! 개인적 차원에서 이익을 따지거나 패거리를 지어 행동한다면, 거기에 더불어 할 수 있는 길은 생기지 않는다. 아당부정(阿黨不正)!

대신, 저 넓게 트인 광활(廣闊)한 들판에서, 멀리 내다보는 혜안(慧眼)을 가지고, 개인적 차원의 이익을 먼저 고민하지 않아야 한다. 광원무사(曠遠无私)! 달리 말하면, '지성무사(至誠无私)'이다.

이런 인생의 자세가 교육으로 수행될 때, 인간이 더불어 살아갈 수 있는, 무한 활동의 시공간이자 삶의 가능성이 사회로 스며든다.

48

인간이 지향하는 천지대동天志大同의 세상

시대가 바뀌었다! 사회 분위기는 이전과 판이하게 다르다. 전반적인 생활양식은 물론 학문연구의 방식도 달라졌다. 이제는 내가 해 왔던 학문의 방법이 생명력이 다해가는 시점으로 느껴진다. 그런 생각이 마음에 자리 잡기 시작한 것이 10여 년이 지난 듯하다. 스마트폰이 등장한 이후, 급격하게 교육과 연구의 양상이 전환되면서, 그런 사회 양상이 두드러지는 것 같다.

교육에서 가장 중요한 스승과 제자 사이의 관계도 마찬가지이다. 예전에는 '군사부일체(君師父一體)'라거나 '스승의 경우, 그림자도 밟지 말라!'라는 존중과 존경의 언표가 있었으나, 이제는 이런 일이 희귀한 상황이 되었다. 시대무상(時代無常)이다. 이런 세상의 변화 이치를 꿰뚫고 있는지, 내 마음의 처신을 장악하고 있는지, "동인(同人)"괘의 '단(彖)'은 다음과 같이 말미를 장식한다.

> "오직 교육받은 사람인 군자라야 세상의 마음을 꿰뚫어 보고 훤히 비출 수 있다!"[104)]

성이의 『역선』은 세상 이치의 핵심을 징돈한다. 성리학에서 강

104) 『周易』"同人": 唯君子, 爲能通天下之志.

조하는 '리일분수(理一分殊)'이다.

> "세상에 존재하는 모든 것은 그 마음이 다르다. 그러나 그 이치는 하나이다. 교육받은 사람은 세상의 이치를 정확하게 안다. 때문에 세상 존재들의 마음이 어떠한지 상당 부분 소통할 수 있다. 최고의 인격자인 성인(聖人)이 모든 사람의 마음을 꿰뚫어 보며 한마음처럼 하는 것은 이치에 통달했기 때문이다. 인간사회의 문화를 밝히면 이치를 정확하게 알 수 있다. 공동체의 이상이 무엇인지도 밝힐 수 있다. 개인의 욕망을 조절하여 이길 수 있기에 공동체 조직의 길을 제대로 갈 수 있다."[105]

공동체의 가장 아름다운 모습은 무엇일까? 유학은 '대동(大同)' 사회를 고심한다. 『예기(禮記)』「예운(禮運)」에서는 '대동'을 다음과 같이 그리고 있다. 참 훈훈한 세상이다. 이런 사회가 가능할까?

> "인간의 도덕 윤리가 제대로 실천되자 사회가 달라졌다. 사람들은 세상을 공적(公的)으로 생각하여 사적(私的)으로 그 자손에게 정권을 넘겨주는 일이 없었다. 어질고 유능한 인물을 선택하여 서로 전하며 올바른 제도를 정립하였다. 사람들은 자신의 임무에 정성을 다하고 서로 신뢰하도록 가르치며 화목을 실천하였다. 사람들은 자기의 어버이만을 친애하지 않았으며, 자기의 자식만을 사랑하지 않았다. 늙은 이에게 그 일생을 편안히 마칠 수 있게 하고, 청장년에게 일을 할 수 있게 하며, 어린이에게 의지하여 성장할 곳이 있게 했다. 과부나 홀아비, 고아나 병자와 같은 사회적 약자는 모두 보살핌을 받을 수 있게

105) 『易傳』"同人": 天下之志, 萬殊. 理則一也. 君子, 明理, 能通天下之志. 聖人, 視億兆心. 一心者, 通於理. 文明燭理, 能明大同. 剛健克己, 能盡大同.

> 했다. 남자는 사농공상(士農工商)의 직분이 있고, 여자는 의지할 수 있는 남편의 집이 있었다. 재화가 헛되이 땅에 버려지는 것을 미워하지만, 개인적으로 감추어 두지 않았다. 힘은 사람의 몸에서 나오지만, 그 노력을 개인적 이익을 위해서만 쓰지 않았다. 때문에 간사한 꾀나 절도, 반란과 같은 사회적 혼란이 일어나지 않았다. 그러므로 바깥의 지게문을 닫는 일이 없었다. 이러한 세상을 공공의 도리를 사람들이 모두 더불어 하는 대동 사회라고 말한다."[106]

'대동(大同)'사회는 인간이 가고 싶어 하는 곳, 바로 이상향(理想鄕)이다. 인간사회가 지향하는 최고의 꿈이다. 그런데 현실적으로 실현 가능할까? 가능성을 타진하려면, 그에 상응하는 만큼, 세상의 모든 존재들이 어떤 마음을 지녔는지 꿰뚫어 보아야 한다. '통천하지지(通天下之志)!'

문제는 인간 세상이다. 인간들은 공동체, 또는 사회라는 이름으로 삶의 건전함을 추구한다. 하지만, 인간이 꿈틀대는 세상을 자세히 보면, 근원적으로 욕망(欲望)에 허우적대는 혼란의 연속이다. 개인적 감정이 느슨한 형태로 합쳐져 있는, 욕망의 전투장이다. 달리 말하면, 개인의 이익에 따라 이합집산(離合集散)하는, '사정지합(私情之合)'일 뿐이다.

교육이 존재하는 이유가 '사정지합'의 해체라면, 개인의 이익이나 욕망을 적극적으로 긍정하는 현재와 같은 '자유민주주의'의 정체(政體)와 '자유 시장'의 경제시스템에 대해서도 심각하게 성찰할 필

---

106) 『禮記』「禮運」: 大道之行也, 天下爲公. 選賢與能, 講信修睦, 故人不獨親其親, 不獨子其子, 使老有所終, 壯有所用, 幼有所長, 矜寡孤獨廢疾者, 皆有所養. 男有分, 女有歸. 貨惡其棄於地也, 不必藏於己, 力惡其不出於身也, 不必爲己. 是故謀閉而不興, 盜竊亂賊而不作, 故外戶而不閉, 是謂大同.

요가 있다. 무엇보다도 개인적 욕망을 부추기고, 유도하고, 유혹의 소굴로 빠지게 만드는 작업을 진지하게 고려하면서, 정치경제의 공동체가 나아가야 할 교육의 근본 방향을 재고해야 하리라.

49

개과득길改過得吉의 가치관

교육이 '가치(價値: value)'가 있다면, 교육을 통해 인간의 '변화(變化: change)'를 꿈꾼다면, '인간임'에서 '인간됨'으로, 나아가 '인간다움'으로 전환하기를 목표한다면, 교육은 성과를 남겨야 하고, 교훈을 주어야 한다. 그것은 다음과 같은 몇 가지 삶의 원리, 그 자세와 태도를 통해 터득될 수 있다.

첫째, 정의의 차원에서 무엇이 올바르지 않은지 파악하라.: 지의부직(知義不直)!
둘째, 돌이켜 보고 정의가 무엇인지 다시 생각하라.: 반사의리(反思義理)!
셋째, 정의에 어긋나는 짓을 두려워하고 잘못이 생기면 고쳐라.: 외의능개(畏義能改)![107]

이 세 구절에서 '정의(正義)'가 중심에 자리하고 있다. 정의와 불의에 대한 감각은 자연에서 유래된 것이 아니라 인위적으로 발생한다. 그것은 교육이나 사람들의 묵계(默契)에서 생겨난다.[108] 그런 만큼 정의와 관련한 수많은 속담이 있다. 영국인들은 '정의는 힘이

107) 『易傳』·『周易本義』"同人"'九四', 참조.
108) 데이비드 흄(김성숙 옮김), 『인간이란 무엇인가』, 동서문화사, 2016, 526쪽.

다!'라는 격언을 즐겨 쓴다. 독일인들은 '정의는 힘에 앞선다!'라고 하고, 프랑스인들은 '정의는 실행에 있어서 진리이다!'라고 한다. 러시아인들은 '정의란 기름과 같아서 아무리 깊게 잠기게 해도 표면에 떠오른다!'라고 하였다.

그러나 니체(Friedrich Wilhelm Nietzsche, 1844~1900)는 '불공정(不公正)은 불가피하다!'라고 강조한다.

> "삶의 가치에 대한 모든 판단은 비논리적으로 발전해 온 것이므로 공정하지 못하다. 판단의 불순함은, 첫째, 재료가 나타나는 방법, 즉 아주 불완전한 점에 있다. 둘째, 재료에서 총계가 구성되는 방법에 있다. 셋째, 재료의 모든 개별 부분이 불순한 인식의 결과이다. 더욱이 이런 불순한 인식의 결과는 다시 필연적이라는 점에 있다. 예를 들어, 어떤 인간에 대한 어떠한 경험도, 그가 우리와 아주 가까운 사이라 할지라도, 그를 전체적으로 평가하기 위한 논리적 정당성을 부여할 만큼 완전할 수는 없다. 모든 평가는 경솔하며 그렇게 되지 않을 수 없다. 결국 우리가 재는 척도, 즉 인간의 본질이라는 것은 결코 불변의 크기를 가진 것이 아니다. 인간은 기분이나 동요에 휩쓸리기도 하고, 더욱이 인간에 대한 어떤 사항의 관계를 공정하게 평가하기 위해 인간은 스스로를 확고부동한 척도라고 믿지 않으면 안 된다. 아마도 이러한 모든 면에서 '사람은 전혀 판단해서는 안 되는 것이 아닌가!'라는 결론이 나올 것이다. 그러나 평가하지 않고, 좋고 싫은 것도 없이 사람이 살 수 있다면, 얼마나 좋겠는가! 왜냐하면 '싫다'는 것은 '좋다'는 것과 마찬가지로 평가와 관련되어 있기 때문이다. 이로운 것을 바라고 나쁜 것을 피하는 감정 없이 어떤 것에 가까워졌다 멀어졌다 하는 충동, 목표의 가치에 대한 하나의 인식적 평가가 없는 충동은

> 인간에게 존재하지 않는다. 인간은 처음부터 비논리적인, 따라서 '공정하지 못한 존재'이다. 하물며 이를 인식할 수 있다. 이것이 현존재의 가장 크고 해결하기 어려운 부조화 가운데 하나이다."[109]

인간이 원초적으로 공정치 못한 존재라면, 정의도 없는 것인가? 인간은 꿈을 먹고 자란다. 이상을 설정하여 꿈을 꿔 나간다. 지상의 교육도 그런 차원에서 진행된다. 그러기에 『주역』에서 강조하는 것처럼, 공정한 차원, 즉 '정의'를 중심에 두고, 잘못을 고쳐나가면, 삶의 길이 그래도 괜찮다. '아름답고 착하고 훌륭한' 인생을 펼칠 가능성! '개과득길(改過得吉)'이다.

교육은 '불공정(不公正)'이나 '부정(不正)'에 대한 단순한 인정보다는 '공정'이나 '정의'를 확보하는 차원의 도덕적 원리를 담아야 한다. 오류에 대한 시정을 통해 정의로운 성과를 얻을 때, 교육이라 할 수 있으리라.

---

109) 프리드리히 니체(강두식 옮김), 『인간적인 너무나도 인간적인』, 동서문화사, 2016, 46쪽.

50

비우고 낮추는 허중하현虛中下賢의 자세

『주역』"대유(大有:☲☰)"괘의 세 번째 효(九三:⚊)를 풀이하는 주희의 『주역본의』에 다음과 같은 짤막한 말이 마음을 이끈다.

"허중하현(虛中下賢)!-마음을 비우고 현자에게 낮추시라!"

'대유(大有)'라는 언표가 상징하듯이, 크게 가졌을 때, 또는 큰 것을 가졌을 때, 다시 말해, 가진 것이 많을 때, 어떤 교육적 처방이 필요한가? 자본주의적 마케팅 논리라면 끊임없는 부(富)의 축적을 지향할 것이다. 자본주의적 가치 윤리를 고려한다면 부의 축적과 더불어 가난한 존재들에 대한 시혜나 배려를 고민할 것이다. 이른바 '노블레스 오블리주(Noblesse Oblige: Nobility Obliges)'이다.

많이 가진 귀족은 의무를 갖는다! 부와 권력, 또는 명성은 사회에 대한 책임이 동반되어야 한다. 노블레스 오블리주는 지도층에게 사회에 대한 책임이나 의무를 모범적으로 실천하는 높은 도덕성을 요구한다는 의미이다. 이런 차원을 염두에 둔다면, 교육은 어디에서 자리를 찾아야 할까? 그 대답이 선행되지 않는다면, 교육은 자신의 길을 분명하게 설정하기 힘들다.

그런데, '허중(虛中)!-마음을 비우는 작업'은 부의 축적 저 너머에, 반대편에 있는 듯하다. 그 마음은 어떤 마음일까? 축적한 부가 있다면, 그것을 덜어내는 작업일까? 그것을 유지해 나가며, 더 이상 축적하지 않는다는 의미일까? 아니면, 부 자체에 관심이 없다는 뜻일까?

'하현(下賢)!-현자에게 낮추다'라고 했을 때, 이 시대의 현자는 누구인가? 어떤 인간을 만나 겸손하게 대한다는 말인가? 정치지도자인가? 교육자인가? 시대에 아부하며 잘 사는 사람일까? 현명한 존재에 대한 기준이나 판단조차도 흐려지는 시절이다.

판단 기준이 흐려질 때, 시대정신에 기초한 변혁이 요청된다. 교육도 마찬가지이다. 올바른 교육은 인간 자신의 변혁에서 시작된다.[110] 얼마만큼 정의로운지, 어떤 원인을 위해서건, 어떤 이데올로기건, 얼마만큼 자신 있게 세계의 미래에 대한 행복을 나타내든지 간에, 인간은 서로가 서로를 죽이거나 배척하지 않도록, 인간 자신을 재교육해야 한다. 인간의 정이 깊도록, 작은 것에 만족하도록, 그리고 최고의 것을 추구하도록 배워야만 한다. 그런 때를 만났을 때만이 진정한 인간 구제가 있으리라!

110) 크리슈나무르티, 앞의 책, 53쪽, 참조.

51

분별, 그 명변석明辨晳의 지성

『주역』"대유"괘의 네 번째 효는 인생에서 무엇을 조심(操心)해야 하는지, 그 긴장의 연속을 알린다.

"지나치게 성대하지 않으면 허물이 없으리라!"[111]

지나치게 화려하거나 성대한 상황을 만들면 흉한 사태를 맞이할 수 있다. 그렇지 않으려면 그 전제 조건은 '겸손(謙損)'이다. 덜어내고 줄이고 손해를 보는 듯이, 마음을 다져야 한다. 겸손이 진정으로 나의 몸에 배었다면, 일상의 행위에서 언제나 자연스럽게 표현된다. 억지로 만들어진 가면의 겸손은 또 그렇게 발각되게 마련이다. 아무리 평범한 일상생활일지라도 겸손은 그 자체가 매우 중요한 영원의 가치를 띤다. 겸손한 사람이 어떤 정신과 품성을 소유한 분인지 증명되기 때문이다. 때문에 겸손한 사람을 찾으려면, 그의 일상생활을 살펴야 한다.[112]

겸손한 인간의 일상생활, 그 핵심은 어떤 분별력을 지니고 있을까? '상(象)'에서 다시 지혜의 지도를 그린다.

---

111) 『周易』"大有": 匪其彭, 无咎.
112) 앤두루 머레이(김희보 역), 『겸손』, 총신대학출판부, 1997, 60쪽.

> "'지나치게 성대하지 않으면 허물이 없다!'라는 언표는 밝게 분변하는 지혜이다!"[113)]

지나치지 않고 성대하지 않은 차원이 겸손으로 상징되고, 이것이 삶의 지혜와 연결된다. 지혜가 어떤 특성으로 삶에 개입하기에 그런가?

정이의 『역전』은 이를 간략하게 풀이한다.

> "어질고 지혜로운 사람은 사물의 이치를 밝게 분변한다. 그런 만큼 성대할 때를 만나면 허물이 다가올 것을 예측한다. 때문에 덜어내고 조절하여 가득 차는 데까지 이르지는 않는다."[114)]

이치 파악을 통한 사전 예방! 가득 차는 데까지 이르지 않는 조절 능력! 이런 점에서 지혜는 일종의 '예측(豫測)'이다. 다가올 일에 대한 인식이다. 교육은 이런 지혜를 터득하는 데 이르도록 도모하는, 앎을 향한 치열한 작전(作戰)이다. 『주역』의 '명변'의 지혜가 다름 아닌 『중용(中庸)』의 '박학(博學)-심문(審問)-신사(愼思)-명변(明辨)-독행(篤行)'으로 조직된 교육철학의 다리를 놓는다.

인간사회에서 사람의 도리를 이행하기 위해서는, 넓게 많은 것을 배우고, 자세하고 세밀하게 물으며, 신중하게 깊이 생각하고, 분명하고 바르게 판단하며, 확실하게 최선을 다하여 실천해야 한다.

---

113) 『周易』"大有": 匪其彭, 无咎, 明辨晳也.
114) 『易傳』"大有": 賢智之人, 明辨物理, 當其方盛, 則知咎之將至. 故能損抑, 不敢至於滿極也.

물론, 이런 길에 대해, 배우지 않을 수도 있다. 그러나 배운다면 능통하지 않고서는 그만두지 말아야 한다. 묻지 않을 수도 있다. 그러나 묻는다면 알지 않고서는 그만두지 말아야 한다. 생각하지 않을 수도 있다. 그러나 생각한다면 얻지 않고서는 그만두지 말아야 한다. 판단하지 않을 수도 있다. 그러나 판단한다면 분명하게 밝혀지지 않고서는 그만두지 말아야 한다. 실천하지 않을 수도 있다. 그러나 실천한다면 확실해지지 않고서는 그만두지 말아야 한다.

다른 사람이 한 번에 잘하게 되면 자기는 백 번을 하고, 다른 사람이 열 번에 잘하게 되면 자기는 천 번을 해야 한다. 진정으로 이 다섯 가지 공부를 제대로 할 수 있다면, 어리석은 사람일지라도 반드시 총명해질 것이고, 유약한 사람일지라도 반드시 굳센 사람이 될 것이리라![115]

『중용』에서 강조한 '박학(博學)-심문(審問)-신사(愼思)-명변(明辨)-독행(篤行)'은 '학문(學問)'과 '사변(思辨)'으로 요약된다. 이 학문과 사변은 최선을 다하는 열정과 노력, 그 독행(篤行)의 실천을 통해 완결 구조를 갖는다. 지혜의 터득 과정이, 이렇게 이론적으로는 단순한 것 같으나 그 행위는 대단히 어렵다.

---

115) 『中庸』 20章: 博學之, 審問之, 愼思之, 明辨之, 篤行之. 有弗學, 學之弗能弗措也. 有弗問, 問之弗知弗措也. 有弗思, 思之弗得弗措也. 有弗辨, 辨之弗明弗措也. 有弗行, 行之弗篤弗措也. 人一能之己百之, 人十能之己千之. 果能此道矣, 雖愚必明, 雖柔必强.

52

공공 소유를 위한 대유불거大有不居

"대유지극(大有之極) 불거기유(不居其有)"!

어떤 존재가, 가진 것이 절정에 이르렀을 때, 그 소유를 자처하지 않는다! 이 무엇을 상징하는가?

『노자도덕경』에서도 강조했다. '공성불거(功成弗居)!'[116]

자연의 세계는 모든 존재가 인위적으로 만들어질 수 있는 터전을 제공하고 이치를 세우며 공능(功能)을 베풀거나 부여한다. 하지만 그것을 빌미삼아 간섭하거나 대가를 요구하지 않는다. 또 그런 티도 내지 않는다. 그러므로 모든 존재는 자연에서 나온 것이지만, 자연은 모든 존재에 대해 그것이 자기 소유라고 주재하거나 향유하지 않는다. 자연은 모든 존재가 스스로 되어 가도록 방임할 뿐이다. 자기만이 모든 존재를 생장시킨다고 여기지도 않는다. 자연은 그렇게 해서 모든 존재를 성취시킨 뒤에도 그것을 자기의 공적이라고 챙기지 않고 모든 존재 자신의 공적으로 돌린다. 그 공적을 내세워 자랑하며 대가를 받아 내려 하지 않는다. 그러므로 더더욱 모든 존재는 그러한 자연과 친근하다. 자기와 자연을 둘로 느끼지 않으며

---

116) 『老子道德經』 2章: 天下皆知美之爲美, 斯惡已. 皆知善之為善, 斯不善已. 故有無相生, 難易相成, 長短相較, 高下相傾, 音聲相和, 前後相隨. 是以聖人處無爲之事, 行不言之教, 萬物作焉而不辭. 生而不有. 爲而不恃, 功成而弗居. 夫唯弗居, 是以不去.

일치시킨다. 결과적으로 자연과 모든 존재 사이에는 틈이 없게 된다. 자연의 존재 가치는 영원히 모든 존재 가운데 살아 움직인다. 하염없이 모든 것을 포괄하고 간직할 수 있는 것이다![117]

인간사회의 경우도 마찬가지이다. 누구나 부러워할 정도의 업적을 이루었다. 그러나 그 공적을 나의 것으로 삼지 않는다. 그것은 세상 사람이 함께 누릴 수 있도록 배려하는 공공의식(公共意識)의 발로이다. 그런 삶의 태도를 육성할 때, 교육은 미학(美學)의 차원으로 승화한다.

117) 김충렬, 『노장철학강의』, 예문서원, 1995, 135쪽, 참조.

53

믿음에서 영향력으로 가는 신지응성信志應聲

'믿음'은 사람과 사람의 사이 세계에서, 그들이 지향하는 뜻을 계발하는 위대한 자본이다. 신이발지(信以發志)! 『주역』"대유"의 다섯 번째 효는 인간의 믿음을 고려한 교육적 대비를 설파한다.

정이의 『역전』에서는 그 의미를 다음과 같이 설명한다.

> "아랫사람의 뜻은 윗사람을 따른다. 윗사람이 신뢰를 가지고 아랫사람을 마주하면, 아랫사람 또한 성의를 다하는 믿음으로 윗사람을 섬긴다. 믿음은 인간이 사귀는 핵심 양식이다. 윗사람이 신뢰를 가지고 아랫사람을 믿으며 삶의 뜻을 계발하기 때문에 그러하다. 아랫사람이 윗사람을 따르는 일은 메아리가 소리에 응하는 상황과 같다. 그것은 윗사람의 위엄을 전제로 한다. 윗사람이 위엄이 있으면 괜찮다. 그러나 윗사람이 위엄이 없으면 아랫사람들이 함부로 접근하고 업신여긴다. 윗사람에 대해 경계하고 대비하지 않는다. 공손하지도 두려워하지도 않고, 어떤 일이건 알맞게 대처하려는 의지도 없다."118)

118) 『易傳』"大有": 下之志, 從乎上者也. 上以孚信接於下, 則下亦以誠信事其上. 故厥孚交如, 由上有孚信, 以發其下孚信之志, 下之從上, 猶響之應聲也. 威如之所以吉者, 謂若无威嚴, 則下易慢而无戒備也. 謂无恭畏備上之道. 備, 謂備上之求責也.

이를 현대적 의미를 부여하여 네 글자로 만들어 본다.

부신접인(孚信接人) 인성신사(人誠信事)!
궐부교여(厥孚交如) 부신발지(孚信發志)!
상하종상(上下從相) 향지응성(響之應聲)!
위엄무만(威嚴無慢) 계비공외(戒備恭畏)!

믿음으로 사람을 만나면 사람은 성의를 다하고 신뢰를 바탕으로 일한다.

믿음으로 서로 사귀면 그 신뢰를 통해 인간사회의 뜻을 펼친다.

위아래 사람이 서로를 따르면 그것은 메아리 소리에 반응하는 것과 같다.

위엄을 갖추면 교만함이 없어지고, 경계하고 대비하며 공경하고 두려워하며 세상의 여러 사태를 처리할 수 있다.

교육은 이처럼 시대상황을 인식하고 현실에서 대처하는 능력의 함양이 아닐까? 그 중심에 사람 사이의 믿음이 자리한다.

54

믿고 따르는 리신사순履信思順의 사태

사람의 일은 사람과 사람 사이에 벌이는 전투적 사업이다. 그 인간의 사업은 인간만의 단독 행사일까, 인간 이외 다른 존재가 개입할까? 예를 들면, '하늘의 도움'인 천우(天祐)'가 있을까? 있다면, 어느 정도일까? 인간이 하는 일이 하늘의 일에 순응하고 자연 질서에 합당하면 온전하게 처리되는 걸까? 그 어떤 사유도 '천우'의 필연성을 장담하기는 어렵다. 어쩌면 하늘의 도움은 우연에 그치는 것은 아닐까? 필연적이라면, 이미 정해진 숙명(宿命)과 같은 것이라면, 그 누가 운명(運命) 개척을 향한 열정을 가지고 노력할까?

인간의 사업과 하늘의 일 사이에 시소게임을 보여주는 의미심장한 대목이 "대유"괘의 여섯 번째 효의 '상(象)'을 풀이하는 과정에서 드러난다.

"대유"괘의 맨 윗자리에 있는 효는 가장 많이 소유한 형국을 보인다. 많으면 넘쳐흐르거나 경계하므로, 조금 지나면 그 형세가 바뀌게 마련이다. 하지만, 그 실천하는 일이 하늘에 순응하고 도리에 합당하기 때문에 하늘이 도와준다. 그래서 괜찮은 것이다. 교육받은 사람인 인격자의 특성이 가득하다. 그러나 넘치지 않는 것은 다름 아닌 하늘이 돕기 때문이다.

『주역』「계사전(繫辭傳)」은 이를 다시 설명한다.

> "하늘이 돕는 것은 순응하는 일이고, 사람이 돕는 것은 신뢰를 다하는 일이다. 성의껏 신뢰를 다하고 순응할 것을 생각하며 또 현명한 사람을 존경한다. 때문에 하늘이 도와 순조롭게 나아가 마땅하지 않은 일이 없다."[119]

여기에서 '순응할 것을 생각하다[思順]'는 겸손한 행위로 스스로 어떤 사람임을 자처하지 않음을 말한다. '현명한 사람을 존경하다[尙賢]'는 뜻이 아래에 있더라도 어질고 지혜로운 사람의 의견이나 행실을 따르는 일이다. 풍부하게 소유하고 풍요를 누리면서, 다시 더욱 풍요해지기를 요청해서는 곤란하다. 가득 차 있는데, 다시 가득 채우려는 욕망의 불길은 흘러넘치는 오버 상황이다. 마땅하지 않다. 위험하다!

맨 윗자리에서, 모든 권세와 지위를 차지했는데, 또 욕망의 늪을 요구한다고? 이 지점에서 멈추시라. 다시, 아래를 보고 인간사회를 신뢰하라. 하늘이 내린, 자연 질서에서 확인해야 할 지도자의 사명을 생각하라! 그것이 하늘에 순응함이다.

서양 속담에도 있지 않은가! "하늘은 스스로 돕는 자를 돕는다(Heaven helps those who help themselves)!"

'천우(天祐)'가 없지는 않겠지만, 그래도 인간사회의 기본은 인간의 믿음에 근거한 사람 상호간의 도움이다. 그것이 하늘은 '스스로 노력하는 사람을 성공하도록 만든다!'라는 뜻으로 의미 전환되었으리라. 어떤 일을 성취하기 위해서는 인간 자신의 노력이 가장 중요하다. 교육을 통해 그 힘은 축적된다. 인간의 믿음은 아직도 그

---

119) 『周易』「繫辭傳」上 12章: 天之所助者, 順也. 人之所助者, 信也. 履信思乎順, 又以尙賢也. 是以自天祐之吉, 无不利也.

러하다. 최선을 다해, 자신을, 인간을, 교육하라! 그것이 대길(大吉)의 지름길이다.

풍부처잉(豊復處盈) 비소의야(非所宜也)!

지금 이미, 전반적으로 풍요롭다! 풍성하다. 그런데 다시 가득하기를 바라는 것은 옳은 일이 아니다!

55

숭고하지만 비천한 곳에 머무는 용기

『주역』“겸(謙:䷎)”괘는 내가 개인적으로 매우 선호하는 괘이다. “겸”괘는 그 괘의 모양이 곤(坤:☷)이 위에 있고 간(艮:☶)이 아래에 있어, 땅 가운데 산이 있는 모습이다. 원래 땅은 아래에서 낮추고 있다. 산은 높고 큰 것이다. 그런데 산이 땅의 아래에 있는 형상이 다름 아닌 ‘겸(謙)’이다.

숭고지덕(崇高之德), 처비지하(處卑之下)!

‘높고 높은 저 숭고한 덕으로, 낮고 낮은 저 비하한 곳에 자신을 둔다.’라는 의미이다. 그런 용기(勇氣)의 전면에 겸손(謙遜;謙損)의 미덕이 영롱하게 반짝인다. 그래서 “겸”괘를 풀이하는 괘사는 다음과 같이 말한다.

> “겸은 차근차근 뻗어나가는 특성을 지니고 있다. 교육받은 인격자는 끝까지 지켜 잘 마친다!”[120]

교육받은 사람이 왜, 끝까지 지켜 잘 마칠까? 흔히 말해, 끝이 좋을까? 유종의 미(有終之美)! 정이는 『역전』에서 그 이유를 다음과 같이 설명한다.

---

120) 『周易』“謙”: 謙, 亨. 君子有終.

> "교육받은 사람 또는 교양인은 그 인생의 지향이 겸손함에 있다. 우주 자연의 이치를 통달하기 때문에 자연의 질서를 즐기며 다투지 않는다. 내면이 충만하기 때문에 겸양하며 자랑하지 않는다. 자연스럽게 겸손한 행동을 하며 죽을 때까지 그 행실을 바꾸지 않는다. 스스로 낮추지만 사람들이 더욱 높여 주고, 스스로 숨지만 그 덕은 더욱 빛난다."[121]

주희는 『주역본의』에서 간략하게 정돈한다.

> "'겸(謙)'은 가지고 있으면서도 자기 것이라고 강변하지 않는다는 뜻이다. 유이불거(有而不居)! '유종(有終)'은 먼저는 굽히지만 나중에는 펴는 것을 말한다. 선굴후신(先屈後伸)!"[122]

하지만 조무래기들! 교육받지 못한 소인배들은 그와 반대이다. 욕망에 따라 다투고, 조그마한 덕을 갖추어도 반드시 자랑한다. 유욕필경(有欲必競), 유덕필벌(有德必伐)! 그들에게 무슨 유종의 미를 기대하겠는가! 불능유종(不能有終)이다.

이런 차원에서 교육은 유종의 미를 거두려는 자발적 노력이다. 끝마침이 좋도록 진정으로 기도하라!

---

121) 『易傳』"謙": 君子志存乎謙遜, 達理, 故樂天而不競, 內充, 故退讓而不矜, 安履乎謙, 終身不易, 自卑而人益尊之, 自晦而德益光顯, 此所謂君子有終也.

122) 『周易本義』: 謙者, 有而不居之義. 有終, 謂先屈而後伸也.

56

하제상행下濟上行하는 겸손의 메아리

자연과 인간은 어떤 차원에서 만남이 가능할까? 자연은 말없이 인간을 감싸고 있다. 때로는 따스하게 때로는 싸늘하게, 또 때로는 보드랍게 때로는 거칠게, 인간의 삶을 몰아세우기도 한다. 인간은 자연 속에 살지만, 그 혜택을 제대로 인식하지 못한다. 오히려 정복자 행세를 하며, 자연을 인위로 바꾸기도 한다.

“겸”괘는 자연과 인간의 관계를 ‘겸(謙)’의 용법으로 처리한다. “겸”괘 ‘단(彖)’에 그 대강이 펼쳐져 있다.

> “하늘의 도리는 위의 높은 곳에 자리하기에 아래로 내려가 밝게 빛난다. 동시에 땅의 도리는 아래의 낮은 곳에 자리하기에 위를 향해 움직인다.”[123]

위에서 아래로 아래에서 위로, 질서에 따라 차근차근 뻗어나가는 저 자연의 힘이 다름 아닌 ‘겸(謙)’의 지향이다. 하늘 기운은 아래의 모든 존재와 사귄다. 모든 존재가 친구가 되어 그들을 기르는 데 일조한다. 그렇게 밝게 빛나는 활동을 자신의 임무로 삼는다. 땅 기운은 그와 반대이다. 때문에 겸손함은 단순하게 굽실거리며 자신을

123) 『周易』“謙”: 天道, 下濟光明, 地道, 卑而上行.

낮추는 차원의 삶이 전혀 아니다. 당당하게 뻗어나가 올바르게 사귀는 삶의 지혜이다.

57

겸손의 양식으로서 익류복호益流福好

"겸"괘 '단(彖)'은 '천도(天道)'와 '지도(地道)'가 서로 사귀어 뻗어 나가는 양식을 통해, 다시 말을 이어간다.

> "하늘의 도리는 가득 찬 것을 이지러지게 하고 겸손함을 더해 준다. 땅의 도리는 가득 찬 것을 바꾸고 겸손한 곳으로 흘러들게 한다. 오므리고 펴는 움직임은 가득 찬 것을 해치고 겸손한 일에 복을 가져다준다. 사람의 도리는 가득 찬 것을 미워하고 겸손한 것을 좋아한다."124)

'천도'와 '지도'의 사이 세계, 즉 우주자연의 섭리는 '귀신(鬼神)'이라는 '오므리고 펼치는 역동적 운동'을 통해 '인간의 길'을 담아낸다. 하늘은 해와 달의 운행을 통해 가득차고 이지러지기를 순환 반복한다. 땅은 그 형세에 따라 기울고 패이고 평평하게 만들고 북돋우기도 한다. 여기에서 귀신은 죽은 사람의 영혼을 의미하는 것이 아니다. 우주만물이 만들어지고 되어가는 흔적, '조화(造化)의 자취[跡]'이다. 이 흔적이나 자취는 지나치면 덜어내고 모자라면 더해주는 형식으로 남는다. 인간은 이런 자연의 질서와 우주만물의 생성 원리를 삶의 지침으로 삼는다. 사람은 지나치게 가득 채워나가는

---

124) 『周易』"謙": 天道, 虧盈益謙. 地道, 變盈流謙. 鬼神, 害盈福謙. 人道, 惡盈好謙.

사람을 미워한다. 겸손한 사람을 좋아한다. 그것이 인간의 감정이다. 이런 점에서 겸손은 인간의 최고 미덕이다.

가득 찬 것을 이지러지게 하는 '휴영(虧盈)', 가득 찬 것을 바꾸어 나가는 '변영(變盈)', 가득 찬 것을 해치는 '해영(害盈)', 가득 찬 것을 싫어하는 '오영(惡盈)', 이 네 가지가 가득 차 있는 것을 대처하는 방식이다. 그리고 겸손함을 더해 주는 '익겸(益謙)', 겸손한 데로 흘러가는 '류겸(流謙)', 겸손한 것에 복을 주는 '복겸(福謙)', 겸손한 것을 좋아하는 '호겸(好謙)' 이 네 가지가 겸손함을 처리하는 양상이다.

이런 생각이 밀려온다. 교육을 통해 휴영(虧盈)과 변영(變盈)의 사이에서 해영(害盈)을 자산으로 헤엄치는 오영(惡盈)의 세계를 파악하면 어떨까? 그리하면 익겸(益謙)과 류겸(流謙)이 복겸(福謙)으로 이어져 호겸(好謙)을 누리려는 인생을 갈망할 수 있다.

끝내는 겸손을 더하고 겸손한 곳으로 흘러들고, 겸손한 일에 복을 주고, 겸손함을 좋아하는 삶의 축복이 가득하기를! 그것이야말로 교육받은 사람이 누리는 유종의 미가 찾아오리라.

58

겸손의 효과로서 인덕실고人德實高

“겸”괘 ‘단(彖)’의 마지막 구절은 교육의 효과를 명확하게 지시한다. 교육받은 사람, 그 겸손한 존재가 어떤 인간인지를 간략하게 안내한다.

> “높고 빛난다! 낮추고 있지만 넘을 수가 없다! 그것이 바로 교육받은 사람이 거둬들이는 인생의 열매, 유종의 미이다!”[125]

겸손은 자신을 낮추고 공손하게 삶을 이어가도록 인도한다. 그 길은 높고 크며 밝고 빛난다. 스스로 낮추고 굽히지만, 실제로 그 덕망은 높아서 더 이상 넘을 수 없다. 그러기에 교육받은 사람은 겸손을 인간 최고의 미덕으로 설정한다. 겸손의 실천이 지속되면, 그 인생의 끝은 아름답다. 그것은 겸손교육의 최종 효과이자 일단락이다.

125) 『周易』“謙”: 尊而光, 卑而不可踰, 君子之終也.

59

헤아려 베푸는 칭물평시稱物平施

“겸”괘 ‘상(象)’에 겸손의 원리가 적시된다.[126]

많은 부분에서 취하여 적은 부분에 더해주라!

물건을 저울질하여 공평하게 베풀어 주라!

그것은 높은 것을 덜어내어 낮은 것에 더해주면서 공평하게 나아가는 작업이다.

궁극에 이르면, 겸손은 평평하게 다스려 바로잡는 평등으로 모아진다.

다시, 외면적으로는 몸을 낮추어 아래에 자리하고, 내면적으로는 덕을 쌓아 높여라!

몸을 낮추고 내면의 덕을 쌓는 작업은 간략하게 말하면 ‘자기수양’이다.[127] 상당수의 인간은 자기수양을 통해 자신의 삶을 가꾸어 보려는 소망을 갖는다. 그러나 그것을 얻는 데 필요한 대가, 즉 열

---

126) 『周易』“謙”: 裒多益寡. 稱物平施. 損高增卑, 以趨於平. 外卑下, 內蘊高.

127) 새뮤얼 스마일스(장만기 옮김), 『자조론』, 동서문화사, 2017, 334-335쪽, 참조.

심히 노력하는 작업은 피하려는 경향이 많다. 대부분이 '조급하게 공부하면서 큰 대가를 바라는 경우, 이것은 일종의 정신적 질환이다!'

학문에는 왕도가 없다! 하지만, 모두들 어떤 '유행'에 따르려고 애쓰고 있는 것 같다. 교육의 상황을 보더라도, 노력은 하지 않고 공부를 완성하는 지름길을 모색한다. '단 몇 시간 또는 며칠만에', 또는 '교사도 없이' 외국어를 마스터 하려고 한다. 어느 돈 많은 사람이, 공부에서 오는 어려움을 생각하지 않고 자신을 괴롭히지 않는 조건으로 개인 교사를 고용하는 것처럼, 인간들은 바로 그런 사람을 닮고 있다. 힘들지 않는 공부가 어디 있는가!

이처럼 상당수의 사람들은, 그저 장난만 치면서, 교육을 받고 있다고 생각한다. 이런 식으로 사람들에게 '탐구'와 '노력'이 없는 공부를 시키는 것은 교육이 아니다. 그것은 시간만 보내는 것이지 사람들의 마음을 살찌워주지는 않는다. 잠시 동안 자극을 받아, 일시적으로 어느 정도 예민하고 영리해질지 모르겠으나, 내면에 의지가 없고 한날 쾌락을 얻겠다는 것 이상의 높은 목적 없이는 어떤 알찬 이익도 얻지 못한다. 이런 경우, 지식은 다만 잠시 스쳐가는 이상, 즉 어떤 순간적 기분을 자아낼 뿐이다. 그 이상 아무것도 아니다. 다시 말해, 전혀 지적이지도 않고, 그저 감각에만 호소하는 지능의 미식주의(美食主義)에 지나지 않는다.

열정을 갖고 달려드는 노력과 자립적 행동에 의해 나타나는 최고의 정신, 그 자세는 깊은 잠 속에 빠져 갑작스러운 재난이나 고통이 거칠게 각성시켜 주기 전까지는 되살아나지 못한다. 이런 경우에는 갑작스러운 재난이나 고통이, 오히려 하나의 축복으로서 사람의 용기를 일깨워주는 역할을 한다. 그것이 없으면, 인간은 계속 깊은 잠 속에 빠져 있게 되리라. 장난하듯이 지식을 얻는 습관에 젖은 인간은 이내 고생스러운 탐구와 노력이 필요한 공부를 멀리하게 되리라.

내면의 다짐, 그 자기수양의 차원을 재점검하라! 사회를 향한 배려는 거기에서 싹튼다.

60

공로능겸功勞能謙의 처세 원리

"겸"괘의 세 번째 효(九三:一)는 '노겸(勞謙)'의 뜻을 전하며 삶의 엄숙함을 달랜다.

"공로가 있으면서도 겸손하다!"128)

대부분의 사람은 높은 자리를 좋아하고 다른 사람과의 경쟁에서 이기는 일을 기뻐한다. 그것이 인지상정(人之常情)이다. 그런데 높은 자리가 아니라 낮은 곳에서 윗사람을 보필하고 묵묵히 자기 임무를 수행하는 사람! 그들은 겸손한 존재의 표상이다.

교육받은 존재라 하더라도 그것을 자랑하고 자부하는 마음에 빠져 있다면, 그의 자랑과 자부는 오래가지 못한다. 대신, 공손과 겸손을 자처하고, 조심하고 조심하면 오래도록 자신의 삶을 영예롭게 지속할 수 있다. 인생에 유종(有終)의 미가 가득할 것이다.

공로가 있어도 겸손한 사람. 이런 인간 성장을 열망하는 일이야말로 정말 실천하기 어렵다. 하지만 인생 유종의 길이 이 가운데 보인다. 교육적 인간상도 그런 의식의 흐름을 따라 고민의 흔적을 남긴다. 정이가 『역전』에서 설명한 내용은 보다 명확한 삶을 지원한다.

---

128) 『周易』"謙": 勞謙.

"공로가 있으면서도 겸손한, 교육받은 존재는 모든 사람들이 높이고 따른다. 「계사전」에서도 강조했다. '공로가 있어도 자랑하지 않고, 덕으로 여기지 않아 두터운 마음이 가득하다. 덕으로 말하면 성대하고, 예로 말하면, 공손하다. 이런 점에서 겸손함은 공손함을 정점으로 하여 자신의 자리를 보존하는 작업이다.'"129)

다시 강조하면, 겸손함이란, 삶을 보존하는 최고의 덕목이다.

---

129) 『易傳』"謙": 能勞謙之君子, 萬民所尊服也. 繫辭云, 勞而不伐, 有功而不德, 厚之至也, 語以其功下人者也. 德言盛, 禮言恭, 謙也者, 致恭以存其位者也.

61

부유하지 않아도 얻는 이웃, 불부기린不富其隣

부유한 존재에게는 사람들이 모이게 마련이다. 그것이 재물이건 권력이건, 가진 사람의 주변에는 사람이 득실거린다. 쉽게 말하면, 뜯어 먹을 것이 있기 때문이다. 그래서 옛날부터 '재물만이 사람을 모을 수 있다!'라고 했다. 재능취인(財能取人)!

그러나 지도적 인격을 지닌 존재, 교육받은 사람은 부유하지 않으면서도 이웃을 얻을 수 있다.[130] 사회적 지도자가 되어 겸손한 마음으로 세상을 대하면, 사람들의 존경을 받게 되고 사람들이 모인다. 여기에 지도자의 길이 있다.

그저 겸손하고 부드럽기만 해서는 안 된다. 위엄과 강력한 힘으로 사람들을 구제해야 세상 사람들을 설득하고 따르게 할 수 있다. 따르는 사람이 아무리 많다고 하더라도 아직 따르지 않는 사람도 있다. 그런 존재는 철저히 교육하여 따르게 만들어야 한다. 올바른 인간의 길을 겸손하게 교육하는 데도 따르지 않는 자, 어떻게 할 것인가? 정벌하라! 그런 존재에게 쓰는 것이 위엄이자 강력한 힘인 위무이다. 겸유(謙柔)와 위무(威武)의 리더십 예술이 갈마드는 전략 전술, 리더십이란 그런 것이다.[131] 이는 어쩌면 삶의 지혜를 발휘하

130) 『周易』“謙”: 六五, 不富以其隣.
131) 『易傳』“謙”: 君道, 不可專尙謙柔, 必須威武相濟然後, 能懷服天下. 故利用行

는 책략일 수도 있다.

역설적으로 고민해 본다. 쇼펜하우어는 "책략으로 살아남는 지혜"에서 진지하게 말한다. "때로는 뱀의 지혜로 때로는 비둘기의 선량함으로 대처하라"고.[132]

인간의 삶이란 사악함과의 투쟁이기도 하다. 사악함을 어떻게 대처할 것인가? 겸손으로? 아니면, 위엄으로? 어떤 지혜를 발동할까? 지혜롭다는 것은 자신의 뜻대로 책략을 쓸 수 있다는 의미이다. 지혜가 행하는 것은 뜻하는 것 그대로가 아니다. 어쩌면 그저 속이기 위한 작업이다. 지혜는 노련하게 허세를 부린다. 하지만 나중에 보면 예기치 않았던 것을 이룬다. 그런 가운데 끊임없이 자신의 책략을 은폐하려 든다. 어쩌다 지혜가 뜻하는 것을 내보이는 경우에는 일시적으로 상대의 주의를 다른 곳으로 따돌릴 때이다. 그러나 다시 돌아서서 누구도 예측하지 못했던 승리를 만끽한다. 그에 앞서 지혜는, 주의하면서 앞날의 일을 예리하게 살핀다. 치밀하게 생각을 거듭한다.

지혜로운 사람은 언제나 사람들이 보여주는 것의 이면을 안다. 그러면서도 짐짓 모르는 표정을 짓는다. 상대가 의도하는 것을 처음으로 보여줄 때는 언제나 그냥 흘려보낸다. 그리고 다음번과 그 다음번의 것을 기다린다. 지혜를 발동하기 위한 연기는 기교를 더하고 한층 높은 단계에 이른다. 심지어는 진실을 드러내어 속이려고까지 한다. 술책을 감추기 위해 연기 방식이 달라진다. 그리하여 실제의 것이 위장되어 드러난다. 이때 기만은 완전한 정직함을 바탕으로 한다. 그러나 깨어 있는 지혜는 관조할 줄 안다. 날카로운

侵伐也, 威德拉著然後, 盡君道之宜而无所不利也. 蓋五之謙柔, 當防於過.

132) 쇼펜하우어(권기철 옮김), 『철학적 인생론』, 2016, 471−472쪽 참조.

눈매로 빛 안에 숨겨진 어둠을 통찰한다. 지혜는 솔직하게 보일수록 더 기만적이었던 그 의도의 암호를 풀어낸다.

겸유(兼柔)와 위무(威武)가 교차하는 인간, 그렇게 좋은 사람만큼 사람들에게 잘 속는 인간도 없다. 거짓말을 하지 않는 사람은 남이 하는 말을 그대로 잘 믿는다. 그리고 남을 속여본 적이 없는 사람은 상대를 무작정 덮어놓고 믿는다. 쉽게 속아 넘어가는 사람이라고 해서 어리석은 것은 아니다. 마음이 선량하여 거짓과 기만에 둔감할 뿐이다.

지혜로운 사람, 그는 위험을 미리 감지하는 뛰어난 능력이 있다. 그런 사람은 두 가지 유형이 있다. 하나는 직접 모든 것을 체험한 사람이고, 다른 하나는 남의 경험을 보거나 들어서 많이 배운 사람이다. 겸유(兼柔)와 위무(威武)의 리더십을 겸비한 인간은 궁지에서 벗어날 수 있는 지혜가 필요하다. 동시에 위험을 미리 헤아리는 신중함도 몸에 배어 있어야 한다. 너무 지나치게 선량한 것도 문제이다. 좋은 사람이라는 평판은 때때로 남들에게 나쁜 마음을 불러일으켜 그들을 악인으로 만들 수도 있기 때문이다.

뱀의 지혜와 비둘기의 순진함을 잘 조화시키도록 하라! 그렇다고 악의에 찬 괴물이 되어서는 안 된다. 인간 사이에 벌어지는 결투가 무엇인지, 진지하게 받아들일 줄 아는 그런 인간이 되라!

62

잘못을 선한 마음으로 펼치는 보과천선補過遷善

『주역』"예(豫:☳☷)"괘의 여섯 번째 효(上六:--)에 의미 있는 글이 나의 시선을 멈추게 만든다.

> "즐거움에 빠지면 어둠에 갇힌다. 성취를 했으나 교만하지 않고 마음을 바꾸어 먹는다면 허물은 없으리라!"[133]

즐거운 일이 인생에 찾아왔다. 그런데 그것이 어둠으로 이끈다? 이 무슨 아이러니? 그렇다면 변화를 꾀해야 오류를 줄일 수 있다! 이 변주를 이해하기가 쉽지 않다.

정이의 『역전』을 들여다보았다. 상육(上六:--)은 음이자 부드러운 특성을 지니고 있다. 가운데 자리에서 중정(中正)한 성격을 가지고 있지도 않다. 음(陰:--)으로서 윗자리에 있어 바르지 못하다. 게다가 즐거움이 절정에 이른 시기이다. 교육받은 인간, 교양을 갖춘 지도자라면 이러한 때에 처하더라도 경계하고 두려워해야 한다. 그런데 즐거움에 빠져 방탕하고 혼미하여 자기를 돌아볼 줄 모르는 존재이니, 어떻게 해야 하는가? 그래도 희망은 있다. "예(豫)"괘의 마지막에 자리하고 있기 때문에 어둡고 어두운 존재로 진릭했다.

133) 『周易』"豫": 冥豫. 成, 有渝, 无咎.

하지만 그것에서 벗어나려는 변화를 고려한다면, 큰 오류는 막을 수 있으리라. 인간은 실수의 동물 아닌가? 그것을 깨닫고 바로 잡으려는 노력을 한다면 허물을 줄일 수 있다. 스스로 바꿀 수 있다면 허물이 없으리라![134] 교육과 학습의 역할이 그런 것 아닌가!

주희는 『주역본의』에서 간략하게 깨우침을 준다. 음의 부드러움! 그것으로 "예"괘의 끝에 자리하여 즐거움에 빠졌다. 그만큼 어두운 모습이다. 그래도 꿈틀거리는 몸부림을 보이기 때문에 어두움에 빠졌더라도 바뀔 수 있는 가능성을 보여준다. 그 점(占)의 내용은 간단하다. '잘못을 보충해 나가면 허물이 적다!' 그것은 '선으로 옮겨가는 문을 넓히는 근거이다.'[135]

교육이 이런 기능을 담보할 수 있을까? 나의 잘못을 시정해 나가면서 시시각각 저지르는 오류를 줄이자! 사악한 마음이 자라고 있다면, 그 싹을 자르고, 착한 마음으로 전환하는 근거를 마련하자. 무엇으로? 자기교육과 학습으로.

---

134) 『易傳』"豫": 苟能自變, 可以无咎.
135) 『周易本義』"豫": 補過而无咎, 所以廣遷善.

63

출교유공出交有功의 우정

'사귀다', 또는 '꼬이다', '섞이다'와 같은 의미가 담겨 있는 '교(交)'는 『주역』에서 매우 중요한 개념이다. '교역(交易)'이라는 말 자체가 세상의 본질을 상징한다. 사람 사이에도, '사귐'은 '믿음[信]'이라는 교우(交友)의 양태를 통해 삶의 의미를 배가한다. 전통적으로 교육을 하는 이유도 이런 믿음의 배양을 염두에 두었다고 판단된다.

"수(隨:☱☳)"괘의 첫 번째 효(初九:⚊)에 인간의 우정에 관한 의미 깊은 언급이 등장한다.

> "문을 나가 사람을 사귀면 공(功)이 있다!"[136]

『역전』의 풀이는 인지상정(人之常情)의 상식에서 이 문제를 조망한다. 모든 일이 그런 것은 아니겠지만, 세상의 일은 대부분 올바른 길을 가면 괜찮다. 반대로 이것저것 바꿔가면서 올바른 길을 가지 못하면, 오류를 저지르기 쉽다. 그런데 거주하고 있는 자리에서 문을 나가, 사람을 사귀게 된다면 어떤 일이 벌어질까? 사람을 만나 사귄다는 것은 친소(親疏)에 따라 이루어지게 마련이다. 인간의

136) 『周易』"隨": 出門交, 有功.

마음은 친애하는 사람을 따르는 경우가 많다. 사랑하면 그만큼 그 사람의 옳음을 보고, 미워하면 그만큼 그 사람의 그름을 본다. 그러므로 선한 사람의 말은 잘못된 것이라도 따르기 쉽고, 악한 사람의 말은 좋더라도 나쁘게 생각하기 쉽다. 문제는 사랑의 정도에 따른 행위이다. 내가 사랑하기 때문에 따르면 이는 사사로운 감정에 의한 것이다. 그럴 경우, 올바른 이치에 부합하겠는가!

'문을 나가 사귀면 공(功)이 있다!' 무슨 공(功)? 사람을 사귀는데 공(功)이 있다? 말이 모호하다. 공적(功績)이 생긴다는 의미인가? '문을 나가다'라는 말은 개인적으로 사랑하는, 사사로운 감정에 사로잡혀 친한 데 머무는 것이 아니라는 말이다. 때문에 사람을 사귈 때 개인적 차원에 머무르지 않는, 공정함이 개입한다. 사사로이 하지 않는다. 공정하게 사귀는 만큼 떳떳하다. 그것은 사회에서 나름대로 말아야 할 일이 있음을 강조하는 언표이다. 그런 의미에서 '공(功)'은 '일'이다. 공공의 영역에서 말은 직무(職務)이다.

주희의 『주역본의』는 보다 깔끔하게 해명한다. 사람을 사귀었다. 그런데, 서로 따르는 바가 있다. 그렇다면 상대에게 치우쳐 편벽되게 주장하는 일이 있게 마련이다. 사람의 속성이 상당수가 그러하지 않은가! 나와 친한 사람, 너와 친한 사람! 일종의 '내 편', '네 편'이다. 그것은 인간관계에서 떳떳하게 처리해야 할 일조차도 정에 끌려 다른 것으로 변경하게 만드는 빌미가 될 수 있다. 때문에 올바르게, 공평하게 처신해야, 삶이 괜찮다. 문을 나가 사람을 사귀면서 개인적으로 특정한 사람을 따르지 않으면 적절하게 말아 처리해야 할 일이 있을 것이다. 그 일을 완수해 나갈 때, 삶의 성취와 보람이 더해진다. 공(功)이란 그런 것이다.

64

득정원사得正遠邪의 인생 길

"수(隨)"괘 두 번째 효(六二: --)는 아주 짧은 글로 되어 있다.

"소자(小子)에 얽매이면 장부(丈夫)를 잃으리라!"137)

이 짧은 문구는 '소자'와 '장부'로 대비되는 두 인물의 특성을 통해 인생의 원리를 고민하는 언표이다. 소자를 '어린' 존재로 이해한다면 장부는 '어른스런' 존재이다. 소자를 '어리석은' 인간으로 배치한다면 장부는 '현명한' 사람이다. 소자를 '비겁한' 존재로 본다면 장부는 '용감한' 인간이다. 이처럼 '소자-장부'는 '부정-긍정'의 차원에서 다양한 인간의 양상으로 대비할 수 있겠다.

'상(象)'에서 그 형상을 다음과 같이 묘사한다.

"소자에게 얽매이면 결코 아울러 친할 수가 없으리라."138)

소자(小子)는 대체로 아래 자리에 있다. 장부(丈夫)는 주로 윗자리에서 자기 역할을 한다. 그런데 인간이 아래 자리에만 뜻이 매어

137) 『周易』"隨": 係小子, 失丈夫.
138) 『周易』"隨": 係小子, 弗兼與也.

있으면, 윗자리에서 처리해야 할 주요한 일들을 놓치고 만다. 이것이 다름 아닌 장부를 잃는 상황이다. 그러기에 소자에 얽매여 장부를 잃는 상황은 정당하지 못한 짓을 따르는 것이 되고, 그 잘못이나 폐해가 크다. 그런 만큼 사람은 무엇을 따라야 할까? 그 따르는 때를 경계하라!

정이의 『역전』에 기재된 짧은 해설이 교육의 방향을 제시한다.

> "사람이 따르는 것이 바름을 얻으면 바르지 못함을 멀리한다. 그름을 따르면 옳음을 잃는다. 이 두 가지를 동시에 따르는 이치는 없다. 아울러 친하지는 못하는 것이다."[139]

인간의 삶은 바른 일을 따라야 한다. 그것에 몰입하라! 교육이 삶의 근원적 현상이라면, 철저하게 그래야 한다!

139) 『易傳』"隨": 得正則遠邪, 從非則失是.

65

정성이 깃든 유부재도有孚在道

인간은 실수의 동물이다. 어쩌면 내가 생각하는 방식이 아닌 오류로 점철되는 것이 인생이 아닐까? 그런 상황을 감지라도 하듯이, "수(隨)"괘 네 번째 효(九四:⚊)는 부정적 의미의 인생을 점친다.

> "자기 자리가 아닌 데 머물며 사람들을 따라갔는데 얻는 것이 있다. 그렇다면 그것이 바르다할지라도 흉하다!"[140]

바르더라도 흉하다니! 이 무슨 삶의 긴장감 조성인가!

그런데 그런 허물을 줄이거나 없애는 방법은 의외로 간단하다. '부(孚)-도(道)-명(明)'이다. 부(孚)는 사람 사이의 믿음이자 정성이다. 도(道)는 인간 삶의 길이다. 명(明)은 밝게 처신하는 인생이다.[141] 오직, 믿음과 정성이 마음에 쌓이고, 실천하며 베푸는 작업이 도리에 맞게 하며, 밝고 총명하게 대처하면 허물이 설 자리는 없다!

---

140) 『周易』"隨": 有獲, 貞凶.
141) 『易傳』"隨": 孚誠積於中, 動爲合於道, 以明哲處之.

66

지나침에 대한 경계, 수소방과隨所防過

마음의 기쁨은 정말 좋은 일에만 그치는가? 선(善)일까 악(惡)일까? 약(藥)일까 독(毒)일까? "수(隨)"괘 다섯 번째 효(九五:⚊)의 '상(象)'의 풀이에 그 역설이 돋보인다. 『역전』의 짧은 글이다.

어떤 일이건, 그것을 따를 때 막아야 할 사항이 있다. '지나침'이다. 특히, 마음에 기뻐하여 따르기만 하면, 지나침을 알지 못한다. 기쁨에만 빠지지 말라![142]

---

142) 『易傳』"隨": 心所說隨, 不知其過.

67

자신상신自新尙新의 새롭게 하는 의미

교육받은 사람이 지녀야 할 삶의 자세를 간략하게 정돈하면, 다음과 같은 구절을 고려할 필요가 있겠다. "고(蠱:䷑)"괘의 괘사를 풀이하면서 주희는 진지하게 지시한다.

> "앞의 일이 진행되어 중간쯤 지났다. 그러면 약간씩 무너지려는 사태가 발생한다. 이 지점에서 스스로 새롭게 자세를 가다듬고 다가올 일의 실마리를 만들어라! 그렇게 대비하며 크게 부서지지 않게 해야 한다! 뒤의 일이 막 시작되어 새로운 시기이다. 하지만 다시 진정한 마음으로 뜻을 간절하게 품고 앞의 일을 할 때 잘못된 것들을 거울삼아라! 그렇게 기획하여 빨리 무너지지 않게 만들어야 한다!"[143]

---

143) 『周易本義』"蠱": 前事過中而將壞, 則可自新, 以爲後事之端, 而不使至於大壞. 後事方始而尙新, 然更當致其丁寧之意, 以監其前事之失, 而不使至於速壞.

68

구휼의 미덕 발휘, 진민육덕振民育德

교육자가 몰두해야 하는 최고의 덕목은 어떤 것일까? 아니, 이런 첨단기술문명 사회에서도, 인공지능 교사를 운운하는 이런 시대에도, 그런 것을 거론할 수 있을까? 여전히 학생을 향한 사랑, 헌신, 전문성 등등이 중시될까? 사람마다 중요하게 생각하는 측면이 다를 수 있고, 교육을 바라보는 관점에 따라 다른 인식도 가능하리라. 그런 교육의 기준을 원리적 차원에서 일러주는 기준이 "고"괘의 괘사 '상(象)'에 적시되어 있다.

"산 아래에 바람이 있는 것이 고(蠱)괘의 모습이다. 인격을 갖춘 지도자가 그 형상을 보고 사람을 구제하며 덕을 기른다!"[144)]

『역전』의 풀이가 진정성을 더한다.

"산 아래에 바람이 있다. 바람이 산을 만나서 휘감으면 세상의 존재들이 모두 흩어져 혼란해진다. 그러므로 세상에 일이 있는 모습이 된다. 교육받은 지도자가 이렇게 일이 있는 모습을 보고, 백성을 구제하고 자신의 덕을 기른다! 자신에게서는 덕을 기르고 세상에서는 백성을

---

144) 『周易』"蠱": 山下有風, 蠱. 君子以, 振民育德.

구제하니, 교육받은 사람이 일삼는 바가 이 두 가지보다 큰 것이 없다!"[145]

사회의 공적 영역에서는 사람들을 구제하는 데 힘쓰고, 개인의 사적 영역에서는 자신의 인격을 기르는데 애쓰는, 개인교육과 공동체 교육이 적절한 조화를 이룬, 그런 존재가 교육받은 사람으로서 진정한 교육자이다.

자신에 대해서는 엄격하게 인간다운 품격을 쌓기 위해 노력하고, 세상에 대해서는 복지를 고민하며 사람들을 구휼하기 위해 고민하는, 그런 존재가 교육받은 사람으로서 올바른 지도자이다.

자기의 삶을 잘 조절하고, 타자에게도 관심을 갖고 이해하고 배려하는, '치기치인(治己治人)'의 길을 구현하는, 사람다운 사람!

145) 『易傳』"蠱": 振濟於民, 養育其德. 在己則德養, 天下則濟民.

69

교사무궁教思無窮의 임무

교육은 생각하는 존재일까? 실천하는 존재일까? 조화로 말하면, 사유와 실천의 화합일 테고, 제각기 말하며, 사유이기도 하고 실천이기도 하리라. 그 어떤 차원이건, 교육에 임하는 생각이 어떤지를 제대로 성찰할 때만이, 그에 합당한 제대로 된, 교육이 구현될 것이다.

"임(臨:䷒)"괘의 괘사 '상(象)'은 다음과 같이 정돈한다.

> "연못 위에 땅이 있는 형상이 임(臨)이다. 스승이 될 만한 분이 이런 형상을 모델로 세상 사람에게 가르침을 베풀려는 생각을 끝없이 가졌다. 나아가 사람들을 포용하여 받아들이고 그들을 지속적으로 길러가려고 한다."[146]

연못 위에 땅이 있다는 모습은 무엇을 상징할까? 마술을 부리지 않고서는 연못의 물 위에 땅이 있을 수는 없다. 그것은 연못가의 언덕, 즉 물가의 땅을 의미한다. 그러기에 정이는 『역전』에서 의미를 부여한다.

---

146) 『周易』"臨": 澤上有地臨, 君子以, 教思无窮, 容保民, 无疆.

"연못 위에 땅이 있다고 했을 때, 그것은 연못 언덕의 물가이다. 물건이 서로 보고 머금고 담는 것은 물이 땅에 있는 것보다 촉촉이 젖어드는 것이 없다. 그러므로 연못 위에 땅이 있는 것을 임(臨)이라 한 것이다. 이런 모습을 근거로 스승이 직접 가르치려는 생각을 끊임없이 갖게 된다. 거기에서 사람에게 직접 다가가서 보며 적극적으로 교육을 하려는 의사가 있는 것이다."147)

교사무궁(敎思無窮), 교도의사(敎導意思)!

즉, 교육에 관한 생각, 또는 교육에 임하는 사유는 그렇게 가장 정성스러운 마음으로 싫어하지 않는 자세로, 무궁하게 자리한다. 이런 자세가 교육에 임하는 스승들이 자신들에게 부여하는 삶의 동기였다.

---

147) 『易傳』"臨": 澤之上有地, 澤岸也, 水之際也. 物之相臨與含容, 无若水之在地. 故澤上有地爲臨也. 君子, 觀親臨之象, 則敎思无窮. 親臨於民, 則有敎導之意思也.

70

인간 포용의 용보무강容保無疆

교사무궁(教思無窮), 교도의사(教導意思)! 이 '교육에 임하는 생각', 즉 스승이라는 자리의 동기부여와 그 실천을 뒤이어, 확장되는 인간사회의 모습은 '함용(含容)'이다.

"사람들을 포용하여 받아들이고 그들을 지속적으로 길러가려고 한다."148)

왜, 그래야 할까? 정이의 해석은 의미심장하다.

"사람들을 포용하여 받아들이는 모습을 보면, 사람을 받아들이고 보살피려는 마음이 있게 된다. 이 과정에서 지속적으로 삶을 가꾸어 가려는 마음은 너무나 넓고 커서 한계가 없다."149)

이는 교육의 본질과 직결된다. 교육은 교육 그 자체로 인류의 문화를 담보한다. 인류 문명의 진보를 위한 보증수표가 된다. 다시 말하면 인간은 교육을 통해 개인으로서 성격(性格: character)을 다지

---

148) 『周易』"臨": 容保民, 无疆.
149) 『易傳』"臨": 觀含容之象, 則有容保民之心. 无疆, 廣大无疆限也.

고 사회의 구성원으로서 인격(人格: personality)을 함양한다. 그 성격과 인격의 성장이 문화를 창조하고 문명을 건축한다.

주희는 『주역본의』에서 구체적으로 명시한다.

> "땅이 연못 위에 임하는 것은 윗사람이 아랫사람에게 하는 일이다. 이 교육을 담당하려는 생각인 교사(教思)와 사람들을 보살피려는 보민(保民), 이 두 가지는 모두 아래 사람에 대해 하는 일이다. 가르치기를 끝없이 하는 일은 기쁨이 겹치고 더불어 하는 즐거움을 상징하는 '태(兌:☱)'괘이고, 포용하기를 끝없이 하는 일은 대지로서 어머니를 상징하는 '곤(坤:☷)'괘이다."150)

용보무강(容保無疆)! 인간을 향한 포용이 끝없이 펼쳐지는 저 광야는, 교육의 대지이다. 세상을 가꾸는 가장 강력한 불길이다.

---

150) 『周易本義』"臨": 地臨於澤, 上臨下也. 二者, 皆臨下之事. 教之无窮者. 兌也, 容之无疆者, 坤也.

71

걱정하는 마음의 효험, 기우무구旣憂无咎

"임(臨)"괘 세 번째 효는 근심이 던지는 메시지를 다시 강조한다. 첫 마디부터 기쁨의 충만함을 내비치지만, 기쁨의 환락만은 아니다.

"달콤함으로 임하여도 괜찮은 일이 없다! 하지만 이미 근심을 하는 태도로 접근하므로 허물은 없다!"151)

정이는 다음과 같이 풀이했다.

"세 번째 효는 아래 괘의 맨 위에 자리하고 있으면서 사람을 대하는 자이다. 조용히 부드럽게 기쁜 몸짓을 하고 있지만, 자신의 자리는 정작 바르지 못하다. 몸에서 풍기는 이미지만큼 달콤함과 기쁜 낯빛으로 사람에게 다가선 자이다. 위에 있으면서 달콤한 말과 기쁜 낯빛으로 아랫사람을 대하면 그 사람은 자신에게 맞지 않는 행동을 하며 덕을 잃은 모습을 분명하게 보인다. 그러니 괜찮을 리 없다. 아래 괘인 태괘(兌卦)의 성질은 이미 기뻐하고 또 두 양효(陽爻)의 위에 타고 있다. 양(陽)이 막 자라나 위로 나아가기 때문에 불안하여 더욱 달콤하

151) 『周易』"臨": 甘臨, 无攸利. 旣憂之, 无咎.

> 게 접근하지만, 이미 위태로움과 두려움을 알고 근심하기 때문에, 겸손한 마음을 갖고 올바른 도리를 지키며 정성을 다하는 삶을 자처하면, 인생에 허물은 없을 것이다. 간사한 마음을 품고 기뻐하는 일이 자신에게 원인이 있는데, 근심하고 고쳐 나갈 수 있다면 무슨 허물이 있겠는가!"[152]

주희의 풀이는 보다 간명하다.

> "음의 부드러움으로 가운데도 올바른 자리에도 있지 못하다. 아래 괘의 위에 자리하여 달콤한 말과 기뻐하는 낯빛으로 아래 사람을 대하는 모양새이다. 어떤 행동을 할 것인지 점을 쳐보니 괜찮거나 득이 되는 일이 없다. 그러나 근심 걱정을 하며 고쳐나가면 허물은 없을 것이다. 그런 만큼, 사람에게 오류를 시청하고 착하게 되도록 충고했다. 그 가르침이 깊다!"[153]

정이와 주희의 충고는 근심을 고쳐 나가는 작업에 무게중심이 실린다. 우이개지(憂而改之)! 어떤 상황에서건 마찬가지이다. 자기 자리가 아닌 데서, 더구나 올바르지 않은 일이 펼쳐진다면, 어떤 처신을 고려해야 할까? 자신의 처지에 관한 진지한 성찰이다. 그 결론이 근심이라면, 그것을 해소하는 방책이 몸에 배어 있어야 한다. 현명한 존재로 성장했다면 그러해야 한다. 우매한 인간이라면 그

---

152) 『易傳』"臨": 三居下之上, 臨人者也. 陰柔而說體, 又處不中正, 以甘說, 臨人者也. 在上而以甘說臨下, 失德之甚, 无所利也. 兌性既說, 又乘二陽之上, 陽方長而上進. 故不安而益甘, 既知危懼而憂之, 若能持謙守正, 至誠以自處則无咎也. 邪說由己, 能憂而改之, 復何咎乎.

153) 『周易本義』"臨": 陰柔不中正而居下之上, 爲以甘說臨人之象, 其占固无所利, 然能憂而改之則无咎也. 勉人遷善, 爲敎深矣.

대처법을 배워야 한다. 이런 상황을 깨우치는 교육의 양상은 그 이하도 이상도 아니다.

'상(象)'은 간단하지만 엄중하게 그 모습을 단정한다.

> "기쁨으로 함은 자리가 마땅하지 않기 때문이다. 이미 걱정하기 때문에 허물이 오래가지는 않으리라."[154]

정이는 다시 설명을 부가한다.

> "조용하면서도 부드러운 사람의 처지가 제자리에 있지도 못하고 바른 자리에도 있지 못하다. 그런데 아래 괘의 맨 위에 자리 잡고 앉았다. 뿐만 아니라 아래에서 격동적으로 움직이는 두 양(陽)을 타고 있다. 이는 자리에 마땅하지 않은 데 처한 것이다. 하지만 그 자리가 어떤지 두려움을 알고 근심하면, 반드시 힘써 스스로 고칠 것이다. 그러므로 그 허물이 오래가지 않는다!"[155]

이 지점에서 교육은 '깨달음'이라는 사실이 구체적으로 드러난다. 각성(覺醒)이다. 슈프랑거(Eduard Spranger, 1882~1963)는 '각성'의 개념을 '거듭남', '회심', '근본적 혁명' 등과 같은 다양한 개념으로 설명한다. 중요한 것은 각성은 각성되는 자 스스로의 능동적이고, 자발적인 운동임을 강조한다.

다시 보자! 지금 내가 처한 자리는 부당하다! 내 능력으로는 차지하고 있을 자리가 아니다! 어떻게 할 것인가? 나를 돌아보자! 먼

154) 『周易』"臨": 甘臨, 位不當. 旣憂之, 咎不長也.
155) 『易傳』"臨": 陰柔之人, 處不中正而居下之上, 復乘二陽, 是處不當位也. 旣能知懼而憂之, 則必强勉自改. 故其過咎不長也.

저, 자리가 부당한 만큼, 나를 또 돌아보자. 근심하고 걱정하는 만큼 힘써 노력하며 오류를 최소화 하자! 그러면 머지않아 정상을 회복할 수 있으리라. 이 과정은, 힘써서 스스로 고치는 일, 바로 철저한 자기교육을 바탕으로 한다. 엄밀하게 말하면, “임”괘의 첫 번째 효에서 여섯 번째 효에 이르기까지, 사람을 대하는 양상을 승화하며 교육을 유도한다. 그것은 첫 번째 효와 두 번째 효에서 ‘함림(咸臨)’의 형식으로 시작했다. ‘함림’은 감동하여 마주하는 일이다. 감동하여 마주하는 만큼 곧고 굳으며 긍정적이다. 세 번째 효에서는 ‘감림(甘臨)’의 과정을 거친다. ‘감림’은 달콤함으로 대하는 일이다. 달콤함으로 다가 갔으나 부당한 자리에 처해 있다 보니 좋은 것만은 아니었다. 그만큼 근심이 밀려오고 노력해야 하는 상황에서 고민이 깊어졌다. 네 번째 효는 ‘지림(至臨)’이다. 사람을 만나는 상황이 최고 수준이다. 그만큼 허물은 없다. 다섯 번째 효는 ‘지림(智臨)’이다. 지혜로 대했다. 지혜를 발휘하는 만큼 좋을 수밖에 없다. 여섯 번째 효는 ‘돈림(敦臨)’이다. 아주 돈독하게 마주했다. 이 또한 좋다. 오류가 생기지 않는다.

‘함림(咸臨)-감림(甘臨)-지림(至臨)-지림(智臨)-돈림(敦臨)’으로 나아가는 인생교육이, 무엇을 가리키는가? 윗사람이 아랫사람에게, 아니, 사람이 사람에게 다가가 마주할 때, 인간이 지니고 있는 기운과 분위기를 따라 서로 구한다. 그리하여 가야 할 길이 같고 성취할 목표가 화합을 이룰 때, 문명은 진보한다. 그것이 교육의 힘이다.

기류상구(氣類相求), 도동덕합(道同德合)!

72

공감을 부르는 하관이화下觀而化

'무엇 무엇을 본다.', '어떻게 보아야 하는가?'라고 했을 때, '보다'라는 말은 무엇을 뜻할까? 영어로는 '씨(see)', '워치(watch)', '룩(look)'과 같은 말에 해당되지만, 한자로는 '견(見)'이나 '관(觀)', 또는 '시(視)'나 '찰(察)'과 같은 글자가 그것에 해당한다.

일상에서 느끼지만, 보는 일도 그리 만만하지 않다. 어떤 물건이나 사람, 특정한 대상을 대강 훑어보는 경우도 있지만, 그 내용과 형식을 세밀하게 살펴보는 경우도 있다. 거시적으로 훑어보는 때도 있지만 미시적으로 쪼개보는 때도 있다. 그렇다면 정말, 인간은 '누가-언제-어디서-무엇을-어떻게-왜'라는 육하원칙에 따라 '보는' 걸까? 『주역』"관(觀:䷓)"괘에 '보다'라는 사태의 의미를 심각하게 지적하는 대목이 보인다.

『주역』「서괘전(序卦傳)」에는 다음과 같이 기록하였다.

> "관(觀)"괘의 바로 앞에 있는 "임(臨)"괘는 '크게 되어 간다!'라는 의미를 담고 있다. 따라서 사물이 크게 된 다음에는 볼만하기 때문에 "관"괘를 그 다음에 자리매김하였다."[156]

---

156) 『周易』「序卦傳」: 觀, 序卦, 臨者, 大也, 物大然後可觀. 故受之以觀. 觀, 所以次臨也.。

정이의 풀이를 보면, '관(觀: 보다)'의 의미가 보다 명확해진다.

> "관(觀)은 사물의 차원에서 보면 '보는 일'이 되고, 아래에 보여주는 차원에서 보면 '보여주는 일'이 된다. 망루를 볼 때, '관(觀)'이라고 하면 아래에 '보여주는 일'이다. 임금이 위로는 하늘의 도리를 보고 아래로는 백성의 풍속을 보면, 이는 '보는 일'이 된다. 임금 자신이 덕망을 닦고 정치를 행하여 백성이 우러러보게 될 때는 보여 주는 것이 된다. 바람이 땅 위에 불어 모든 사물에 부딪힐 때는 두루 보는 모습이고, 관괘(觀卦)에서 두 개의 양효(陽爻: ━)가 위쪽의 5효와 6효의 자리에 있고, 네 개의 음효(陰爻: - -)가 1-4효까지 아래 자리에 있어서 양효의 굳셈이 높은 자리에 있어 아래의 여러 사람에게는 우러러 봄이 된다. 여러 효에서 모두 오직 '보다'라는 뜻을 취하였는데, 이는 때에 따라 뜻으로 삼은 것이다."[157]

이렇게, '보다'의 두 차원, 즉 '보는 일'과 '보여주는 일'을 사이에 두고, "관(觀)"괘의 '단(彖)'에 심도 있는 교육의 의미가 녹아 있다.

> "크게 되어 볼만한 것이 위에 있다. 온순하고 공손하며 가운데서 제자리를 지키며 세상에 보여 준다. 그렇게 정성스럽게 하는 자세에 아랫사람들이 보고 교화되는 것이다. 우주자연의 신령스런 이치를 보는데, '봄-여름-가을-겨울' 네 계절의 운행 질서가 일그러지지 않는다.

157) 『易傳』"觀卦": 凡觀, 視於物則爲觀, 爲觀於下則爲觀, 如樓觀, 謂之觀者, 爲觀於下也. 人君, 上觀天道, 下觀民俗則爲觀, 修德行政, 爲民瞻仰則爲觀. 風行地上, 徧觸萬類, 周觀之象也.二陽在上, 四陰在下, 陽剛居尊, 爲群下所觀, 仰觀之義也. 在諸爻則唯取觀見, 隨時爲義也.

네 계절의 질서가 일그러지지 않으니, 최고위 지도자가 우주자연의 이치를 가르칠 때 세상사람 모두가 복종한다."[158]

그렇다면, '보는 일'과 '보여주는 일' 사이에는 어떤 상관관계가 있는가? 정이의 해설이 인생을 엄숙하게 만든다.

"보여주는 일의 도리는 엄격하고 공경하다. 제사를 지낼 때 처음 손을 씻고 엄중히 모시는 것처럼 하면 여러 사람들이 진심으로 우러러보고 따라서 교화가 된다. 제수를 올리지 않았을 때처럼 한다는 것은 진실한 마음이 조금도 흐트러지지 않게 하는 것을 말한다."[159]

사람에게 무언가를 '보여주는 일'은 엄격하고 공경하는 자세가 반드시 요구된다. 지위가 높으면 높을수록 엄중함이 더해진다. 그것은 필연적으로 '보는 일'을 짝으로 기다린다. 임금이 덕망을 갈고 닦아 모범적인 정치를 행할 때, 백성이 자연스럽게 복종하고 따라오는 모습과도 같다. 모범적 존재에 대한 순종이라고나 할까? 특별한 경우를 제외하고, 사회의 여러 분야에서, 예를 들면, 교육에서 스승과 제자, 공동체의 대표와 구성원, 가정의 부모와 자식 사이에도, 이런 관계는 유효하다.

'보여주는 일'이 이치에 맞고 정당할 때, 그것은 '보는 일'을 통해 교화로 이어진다. 교화와 교육이 동일한 형태는 아니다 그러나 유사한 차원에서 논의한다면, '보여주는 일'과 '보는 일'이 짝으로 인

---

158) 『周易』"觀卦"'彖': 大觀在上, 順而巽, 中正以觀天下. 觀盥而不薦有孚顒, 下觀而化也. 觀天之神道而四時不忒, 聖人, 以神道設教而天下, 服矣.

159) 『易傳』"觀卦": 爲觀之道, 嚴敬, 如始盥之時, 則下民至誠瞻仰而從化也. 不薦, 謂不使誠意少散也.

식될 때, 교육이 제자리를 찾는다. 진정한 파트너로서 강력한 책무성을 지닌다고나 할까?

특히, 우러러보는 사람들이 공감(共感)하며 달려올 때, 교육이 더욱 교육다워지리라.

73

성방관민省方觀民의 인간 성찰

하관이화(下觀而化)! '배우는 사람들의 공감'에 이어, 그 짝으로서 '가르치는 사람의 성찰'이 눈길을 끈다. "관(觀)"괘의 '상(象)'에는 아주 짧지만 분명한 지침을 전한다.

"바람이 땅 위에 불어 두루 미치는 것이 관(觀)괘의 모습이다. 이전의 지도자들이 이런 모습을 가지고, 지방을 순회하며 살피고 사람들을 관찰하여 가르침을 베푼다."[160]

이 상황에 대해 정이는 『역전』에서 자세하게 풀이하였다.

"바람이 땅 위에 불어 사물에 두루 미치므로, 여러 지역을 경유하며 두루 관람하는 모습이 된다. 그러므로 이전의 지도자들이 이를 몸소 터득하고, 각 지방을 살펴보는 정책을 만들어 사람들의 삶을 관찰하여 정치와 교육을 베풀었다. 최고지도자가 전국 각지를 방문하여 사람들의 삶이 어떠한지 살펴 정치와 교육을 행하였다. 사치스럽게 살면 검소한 생활로 묶고, 검소한 생활을 하면 예의를 갖춰 세련미를 더하도록 모범을 보여주었다. '성방(省方)'은 사람들의 생활을 관찰하

160) 『周易』"觀": 風行地上, 觀. 先王以, 省方觀民, 設教.

> 는 일이고, '설교(設敎)'는 가르침을 베풀어 사람들이 보게 되는 일이다."[161]

'보여주는 일'과 '보는 일', 즉 '가르침'과 '배움' 사이에는 묘한 만남의 연결 고리가 작동한다. 그것은 모범이자 본보기로서, 또는 귀감(龜鑑)으로서 지도자교육이 전제되어 있다.

그 핵심이 '성방관민(省方觀民)'이다. 각 지역의 상황을 살펴 민생이 어떤지를 보고 가르침을 베푼다! 여기에서 가르침의 핵심 가치가 드러난다. 먼저 각 지역의 상황을 살펴라! 다음으로 그 지역 사람의 삶을 보라! '각 지역의 상황을 살펴라!'는 말은 각 지역마다 어떤 자연 공간에서 살아가고 있는지, 구체적으로 확인하라는 의미이다. 마치 국토순례를 통해 국가의 형세를 파악하는 일과도 상통한다. 나라의 현실은 어떤가! '사람의 삶을 보라!'는 말은 사람의 처지가 어떠한지 인간사회의 모습을 실제적으로 점검하라는 의미이다. 마치 민생 시찰을 통해 국민의 생활을 점검하는 일과도 상통한다. 국민들의 삶은 어떠한가!

그 지도자 교육의 핵심을 주희는 10개의 글자로 정돈한다.

> "성방이관민(省方以觀民)! 설교이위관(設敎以爲觀)! – 각 지방을 살펴 사람을 관찰하라! 가르침을 베풀어 보여주는 일을 하라!"[162]

---

161) 『易傳』"觀": 風行地上, 周及庶物, 爲由歷周覽之象. 故先王體之, 爲省方之禮, 以觀民俗而設政敎也. 天子巡省四方, 觀視民俗, 設爲政敎, 如奢則約之以儉, 儉則示之以禮, 是也. 省方, 觀民也, 設敎, 爲民觀也.

162) 『周易本義』"觀", 참조.

74

선진 문명에 대한 관광觀光

'보다'라는 뜻을 지닌 "관(觀)"괘는 각 효마다 제각기 의미가 부여되어 있다. 첫 번째 효는 '어린 아이가 보는 일'이다. 그러므로 그 수준에 맞는 소인(小人)의 경우에는 허물이 없다. 하지만 성숙한 인격자인 군자(君子)는 그에 맞지 않은 처신에 부끄러울 뿐이다. 두 번째 효는 '엿보는 일'이다. 엿보는 일은 여자의 바른 길이므로 여자가 곧고 굳으면 괜찮다. 세 번째 효는 내가 살아가는 '행동을 보고서 나아가고 물러나는 일'을 말한다. 네 번째 효는 '나라의 빛남을 보는 일'이다. 그런 만큼 나라의 주인인 군주의 손님 자격으로 보는 것이 괜찮다. 다섯 번째 효는 군주로서 내가 살아가는 '행동을 보되 인격을 갖춘 군자답다'면 허물이 없다. 여섯 번째 마지막 효는 높은 지위에 있는 존재가 살아가는 '행동을 보되 인격을 갖춘 군자답다'면 허물이 없다.[163]

여기, 여섯 효의 맥락에서 볼 때, 네 번째 효의 '관국지광(觀國之光)'이 교육적 차원에서 의미심장하다. 일상에서 흔히 사용하는 '관

163) 『周易』"觀": 初六, 童觀. 小人, 无咎, 君子, 吝. 六二, 闚觀. 利女貞. 六三, 觀我生, 進退. 六四, 觀國之光. 利用賓于王. 九五, 觀我生. 君子, 无咎. 上九, 觀其生. 君子, 无咎.

광(觀光)'이라는 용어가 이 '관국지광'을 줄인 말이라고도 한다. '상(象)'에서는 이 효의 모습을 간략하게 처리한다.

"나라의 빛남을 보는 일은 손님이 되려는 의도를 숭상하는 것이다."[164]

한 나라의 최고지도자인 왕에게 손님이란 무엇일까? 이때 손님은 간단하게 말하면, 다른 나라에서 찾아온 외교사절이다. 그렇다면 외교사절이 왜 이 나라의 군주를 찾아왔을까? 볼 만한 것이 있으니 찾아왔으리라. 볼 만한 것이 없는데, 찾아오는 경우가 있을까? 있다면, 그것은 특별한 사정이 있어서 그럴 것이다. 손님으로 기꺼이 찾아와서 보려고 하는, 그 볼 만한 것은 무엇일까?

정이의 『역전』에서 그 이유를 확인할 수 있다.

"보는 일은 가까이 가서, 직접 살펴보는 것보다 명확한 것이 없다. 다섯 번째 효는 최고지도자의 자리이고, 그 군주는 성스럽고 지혜로운 존재이다. 그런데 네 번째 효가 다섯 번째 효와 아주 가까이 있으면서 그 군주가 어떻게 처신하는지를 잘 볼 수 있기 때문에 '나라의 빛남을 본다!'라고 말한 것이다. 즉 군주가 나라를 제대로 다스려서 번영한 모습을 보는 일이다. 군주 한 사람을 가리키지 않고 나라-공동체-를 말한 것은, 군주의 입장에서 말하면, 어찌 군주 한 사람이 행한 일들만을 보겠는가! 군주가 실천한 세상의 정치와 교화를 보아야 한다. 이렇게 하면 그 군주의 인격과 도덕, 군주로서의 자격을 볼 수 있다. 네 번째 효는 자신의 일을 하며 제자리에서 있으면서 다섯 번째 효인 군주와 매우 가까이 있다. 그런 만큼 군주가 다스린 세상을 보고 순종하

164) 『周易』"觀": 觀國之光, 尙賓也.

> 는 신하에 해당한다. 그런 훌륭한 군주에게 손님으로서 다가간다는 것은, 현명한 군주가 위에 있으면 재주와 인격을 갖춘 사람들이 대부분 군주에게 등용되어 군주를 보좌하여 세상을 편안하게 만들기를 원한다. 네 번째 효에 있는 신하는 군주의 인격과 그 군주가 다스린 나라의 정치가 빛나고 세상이 번성하여 아름다운 사회의 모습을 보았다. 그런 만큼, 마땅히 그 군주의 손님이 되어 자신의 지혜와 힘을 다하여, 군주를 보필하여 세상에 은택을 베풀어야 한다. 때문에 '나라의 주인인 군주의 손님 자격으로 보는 것이 괜찮다!'라고 말한 것이다. 옛날에는 지혜로운 사람이 있으면 군주의 손님으로 예우했다. 그러므로 선비가 군주에게 등용되는 일을 '손님'이라 하였다."[165]

군주의 통치 행위, 즉 올바른 정치와 교화를 통해 이룩한 것은 한 나라가 가꾸어 놓은 문명의 총체이다. 그것이 번성하고 아름답다는 말은 그만큼 선진적 문화를 건설해 놓았다는 의미이다. 선진 문명이기에 볼 만한 것이 많다. 경제적 차원에서 얘기하면, 적극적으로 벤치마킹을 해야 하는 모범적 사례이다. 그러기에 후진국들은 선진국을 시찰하며, 국가 사회 발전의 모델로 삼기도 한다.

'빛나는 문명 세계를 본다.'라는 의미의 '관광'은 그런 뜻이다. 선진 문명을 보고 느끼고 잘 베껴 오라! 그리고 자기 나라의 문명을 건설하는데 긍정적으로 적용할 수 있는 혜안(慧眼)과 실천능력(實

---

165) 『易傳』"觀": 觀莫明於近, 五以剛陽中正, 居尊位, 聖賢之君也. 四切近之, 觀見其道. 故云觀國之光. 觀見國之盛德光輝也. 不指君之身而云國者, 在人君而言, 豈止觀其行一身乎. 當觀天下之政化, 則人君之道德, 可見矣. 四雖陰柔, 而巽體居正, 切近於五, 觀見而能順從者也. 利用賓于王, 夫聖明在上, 則懷抱才德之人, 皆願進於朝廷, 輔戴之以康濟天下. 四旣觀見人君之德, 國家之治, 光華盛美, 所宜賓于王朝, 效其智力, 上輔於君, 以施澤天下. 故云利用賓于王也. 古者有賢德之人, 則人君賓禮之. 故士之仕進於王朝, 則謂之賓.

踐能力)을 길러라! 그것은 '체험' 또는 '경험'을 통한 교육의 절정이다. 결코 단순하게 구경하다가, 놀고먹고 와서, 시간이 지나면 모든 것을 잊어버리는, 그런 천박한 여행이 아니다.

'관천하지정교(觀天下之政教)!'
'관민찰기(觀民察己)!'

세상의 올바른 정치와 교육이 어떻게 선진 문화를 건설했는지 구체적으로 보라! 사람들의 삶을 보고, 나를 살펴라! 선진적 차원을 우러러 보고, 그 가운데 배울 것을 찾아, 내가 속한 공동체의 문화 수준을 끌어올리려는 노력, 그것이 '관광기행교육'의 정신이다.

서구의 근대 사상가들의 경우, 관광기행을 '교육의 꽃'으로 이해하였다. 말 그대로 교육의 하이라이트로 보았다.

몽테뉴(Michel de Montaigne, 1533~1592)는 "여행을 하는 것은 유익한 수업이다. 영혼은 그곳에서 알지 못하는 것, 신기한 것을 만나 끊임없이 훈련을 받는다. 또 끊임없이 많은 이색적인 생활, 사상, 습관을 보고, 인간의 본성이 부단히 변화를 맛본다. 이보다 훌륭한 학교는 없다!"[166]라고 하였다.

로크(John Locke, 1632~1704)는 보다 적극적으로 관광기행의 중요성을 강조한다.

"관광기행은 보통교육에서의 마지막 부분이 되고 있다. 여행은 보통교육의 마무리 작업이고 신사(紳士)를 완성시키는 일이다. 여행을 통해 얻을 수 있는 이점들은 많다. 여행이 주는 이점은 크게 두 가지로

166) 몽테뉴(손우성 옮김), 『수상록』, 동서문화사, 2016, 참조.

요약될 수 있다. 첫째는 언어(言語)를 배우는 일이다. 둘째는 많은 사람들을 만나보고, 기질과 관습 및 생활방식이 서로 다른 사람들, 특히 자기가 경험한 문화와 이웃들의 그것과는 다른 사람들과의 교제를 통하여 지식과 사려분별을 키우는 작업이다."[167]

루소(Jean Jacques Rousseau, 1712~1778)는 『에밀』의 마지막 부분에서 더욱 진지하게 언급한다. 관광기행의 중요성이 어느 정도인지 좀 긴 문장이지만 요약하며 인용해 본다.[168]

"사람들은 어린이들이 여행하는 것이 좋은지에 대해 묻는다. 그 점에 대해서 많은 논쟁이 있다. 만일, 그 문제를 다르게, 즉 어른들이 '관광기행'을 하는 것이 좋으냐고 묻는다면, 그렇게 많은 논쟁은 없으리라. 한 마디로, 당연히, 적극적으로, '관광기행'을 해야 한다!
교육에서 책의 남용은 오히려 앎을 방해한다. 자신이 읽었던 내용을 '안다'고 생각함으로써 그들은 그 내용을 제대로 배우려 하지 않는다. 지나친 독서는 잘난 체하는 무식(無識)한 인간을 만들어내는 데 도움이 될 뿐이다. 문헌이 존재한 이후로 현재만큼 책을 많이 읽은 시대는 없다! 그런데도 지금 시대만큼 아는 것이 적은 시대도 없다! 유럽의 경우, 프랑스만큼 역사책과 견문기와 여행기가 많이 출판된 나라는 없다. 그런데도 다른 나라들의 특징과 풍습에 대해 프랑스만큼 모르는 나라도 없다. 글로만 기록된 너무도 많은 책은 인간에게 '세계에 대한 책'을 소홀하게 만든다. 그렇지 않고, 세계에 대한 책을 읽는다 해도, 인간은 인간 자신에 관한 책들만 읽는 일에 만족하고 있다. 파리 사람들은 인간에 대해 잘 안다고 생각하지만 그들은 프랑스 사

167) 존 로크(박혜원 옮김), 『교육론』, 비봉출판사, 2011, 참조.
168) 루소(김중현 옮김), 『에밀』, 한길사, 2003, 참조.

람들밖에 모른다. 언제나 외국인들이 가득 찬 그 도시에 사는 그들은, 그 외국인들을 파리가 아닌 다른 곳에서는 전혀 찾아볼 수 없는 기이한 인간들로 여긴다. 그 대도시의 부르주아들을 가까운 곳에서 만났어야 할 필요가 있다. 그들의 집에서 살아봤어야 했다. '그렇게 재능이 많음에도 불구하고, 인간이 그렇게도 어리석을 수 있구나!'라는 사실을 믿기 위해서 말이다. 이상한 것은, 그들이 그렇게나 감탄을 금치 못하는 나라에 관한 책을 열 번 이상은 읽어보았다는 사실이다.

저자들의 편견과 독자의 편견을 동시에 알아내 진실에 도달하기는 아주 어렵다. 많은 사람들이 그 동안 여행기를 읽으면서 살아왔다. 그러나 같은 민족에 대해 같은 관념을 갖게 하는 서로 다른 여행기를 본 적은 없다. 인간은 관찰할 수 있었던 약간의 사실과 자신이 읽었던 내용을 비교하면서, 마침내 그 여행자들의 이야기를 무시해 버린다. 인간들은 그 동안, 어떤 종류의 '관찰'이든 읽지 말고, '직접 볼 필요가 있다!'라는 것을 확신하면서, 시간을 낭비해 가며 독서를 통해 배워왔던 것이다. 모든 여행자들이 정직하게 묘사할 때도, 자신이 본 것이나 또는 확실히 봤다고 생각하는 것만 말할 때도, 그들의 눈에 낀 색안경으로 인해 진실을 왜곡하지 않을 때도, 경우는 마찬가지이다. 하물며 그들의 거짓말과 불성실 속에서 진실을 찾아내야 한다면 어떻게 될까? 한 국민밖에 모르는 사람은 인간에 대해 아는 대신 자기와 함께 살았던 국민밖에 모른다. 그러기에 관광기행의 문제를 물어보는 또 다른 방법이 있다. 그것은 다음과 같다.

'훌륭한 교육을 받은 사람이 자기 국민만 아는 것으로 충분한가? 아니면, 인류를 총체적으로 알아야 하는가?'

여기에는, 더 이상 논쟁의 여지도, 의혹의 여지도 없다! 어떤 어려운 문제에 대한 해결이 때로는 그 문제를 제기하는 방법에 따라 얼마나 크게 좌우되는지를 보라. 그렇다면 인류사회를 연구하기 위해 지구 전체를 여행해야 하는가? 유럽인들을 관찰하기 위해 일본으로 갈 필요가 있는가? 인간을 알기 위해 각 개인을 모두 알아야 하는가? 그렇지 않다. 아주 닮은 사람들이 있기 때문에 그들을 하나하나 연구할 필요는 없다. 열 명의 프랑스인을 본 사람은 프랑스인을 모두 본 것이다. 설사 영국인이나 다른 국민들에 대해 그렇게 말하면 좀 지나칠지 모르지만, 모든 나라의 국민은 그 구성원 가운데 여러 사람의 관찰로부터 귀납적으로 도출되는 그 나름의 고유하고 특별한 특징을 가지고 있다. 열 명의 프랑스인을 본 사람이 프랑스인을 알듯이, 열 명의 인간을 비교해본 사람은 인간을 안다.
배우기 위해 온 나라를 편력하는 것만으로 충분하지 않다. 여행하는 법을 배워야 한다. 관광기행! 관찰하기 위해서는 관찰할 수 있는 눈을 가져야 한다. 그런 눈을 알고자 하는 대상으로 향하게 해야 한다. 책에서보다 여행에서 훨씬 더 배우지 못하는 사람들이 많다. 왜냐하면 그들은 사고하는 기술을 모르기 때문이다. 독서에서는 적어도 그들의 정신이 저자에 의해 안내될 수 있다. 하지만 여행에서는 그들 자신의 눈으로는 아무것도 볼 줄 모르기 때문이다. 또 어떤 사람들은 배우려는 의지가 없기 때문에 전혀 배우지 못한다. 그들의 목적은 너무도 다른 곳에 있어서 배우는 데 별로 관심이 없다. 관찰하려는 마음이 없는 대상을 정확히 본다는 것은 무척이나 우연한 경우이다."

그만큼 관광기행의 속성을 이해하는 것이 중요하다. 경험과 체험의 소중함을 일깨우며, 다시, 선진 문명을 보고 느끼고 잘 베껴오라! 그리고 자기 나라의 문명을 건설하는데 긍정적으로 적용할 수 있는 혜안(慧眼)과 실천능력(實踐能力)을 길러라! 교육의 정점에 이런 철학이 자리하고 있다.

75

엄중함에서 느끼는 위명득중威明得中의 양식

『주역』"서합(噬嗑:䷔)"괘는 재미있게 해설된다. 「서괘전(序卦傳)」에 의하면, 앞의 "관(觀)"괘에서 말한 것처럼, 볼 만한 것이 있은 다음에 그것을 보기 위해 만나서 하나가 될 수 있다! 때문에 "관"괘 다음에 "서합"괘로 받았다고 했다. 다시 말하면, 볼 만한 선진적 문명이 있어야 나중에 사람들이 와서 만나려고 하고, 그 선진 문화를 받아들이고 응용하여, 새로운 문화를 만들 수 있는 것이다.

"서합(噬嗑)"에서 '서(噬)'와 '합(嗑)', 두 글자 모두 '입 구(口)'가 들어 있으므로, '입[口]'과 관련되는 어떤 사안이 개입되어 있을 것이라는 추측이 가능하다. 여기에서 '서(噬)'는 깨무는 일이고, '합(嗑)'은 섞어서 합하는 작업이다. 입 안에 음식물이 들어 있으면 어떻게 해야 할까? 음식물은 씹어야 소화가 잘 되도록 흐물흐물해진 죽처럼 잘게 부서져 하나로 합해진다.

인간 세상의 일은 어떠할까? 잘 생각해 보면, 사람의 입은 물건으로 가로막혀 있어 합하지 못하는 형세이고, 세상은 큰소리치며 간사한 자가 그 사이를 가로막고 있는 모습이다. 때문에 세상의 일이 화합되지 못한다. 이런 경우에는 형벌을 써야 한다. 작은 일이면 징계하고 큰일이면 그 죄를 물어 죽여서, 가로막고 있는 것을 제거해야 제대로 다스려진다. 온 세상으로부터 한 나라와 한 집안, 사소한 일에 이르기까지 화합하지 못하는 이유는 모두 막고 있는 것이 있기 때문이다. 막고 있는 것이 없으면 합한다. 세상에서 어떤 일이 이루어지고 만물이 자라는 일은 모두 합한 뒤에 이루어진다. 합하지 못하는 것은 모두 막고 있는 것이 있어서이다. 예를 들면, 부모 자식 사이, 또는 친구 사이에 서로 배반하고 원망하며 틈이 있는 것은 간사한 자가 그 사이에 끼어 있기 때문이다. 이를 제거하면 화합하게 된다. 그러므로 막고 있는 것은 세상의 큰 해로움이다.[169)]

때문에 "서합(噬嗑)괘는 입안에서 음식물을 씹듯이, 세상일을 해 나갈 때 쭉쭉 뻗어나가야 하고, 막히는 일을 마주칠 경우에는 형벌을 써서 제거하는 것이 좋다."[170)] 끼어 있는 것, 막혀 있는 것, 막힌 것을 제거하는 일, 합하는 일 등 세상의 수많은 문제를 해소하기 위한 논리는 간단하지만 복잡하다. 전제와 조건이 있고, 문제의 내용과 그 해소 과정을 거친다. 때로는 문제의 소지가 그대로 남아 있는 상황에서, 하나의 사안이 해소된 것처럼 보일 때도 있다. 그런데 이 문제 해결의 양식은 교육을 통해 해소할 수밖에 없다. 특히, 막힌 것을 제거하여 화합하게 만드는, 세상의 해로움을 제거하는 방

---

169) 『易傳』"噬嗑": 噬嗑, 序卦, 可觀而後有所合. 故受之以噬嗑. 嗑者, 合也. 既有可觀然後有來合之者也, 噬嗑所以次觀也. 噬, 齧也. 嗑, 合也. 口中, 有物間之, 齧而後合之也. 卦上下二剛爻而中柔, 外剛中 虛, 人頤口之象也. 中虛之中, 又一剛爻, 爲頤中有物之象. 口中有物則隔其上下, 不得嗑, 必齧之則得嗑. 故爲噬嗑. 聖人以卦之象, 推之於天下之事, 在口則爲有物隔而不得合. 在天下則爲有強梗或讒邪, 間隔於其間. 故天下之事不得合也, 當用刑法, 小則懲戒, 大則誅戮, 以除去之然後, 天下之治得成矣. 凡天下至於一國一家, 至於萬事, 所以不和合者, 皆由有間也. 无間則合矣. 以至天地之生, 萬物之成, 皆合而後能遂. 凡未合者, 皆有間也. 若君臣父子親戚朋友之間, 有離貳怨隙者, 蓋讒邪間於其間也, 除去之則和合矣. 故間隔者, 天下之大害也. 聖人, 觀噬嗑之象, 推之於天下萬事, 皆使去其間隔而合之, 則无不和且治矣. 噬嗑者, 治天下之大用也, 去天下之間,在任刑罰. 故卦取用刑爲義, 在二體, 明照而威震, 乃用刑之象也.

170) 『周易』"噬嗑": 噬嗑, 亨. 利用獄.

법인 옥사(獄事)를 다스리는 일이 그러하다.

『주역본의』에서 피력한 주희의 견해가 하나의 지침이 된다.

> "서합(噬嗑)은 입 안에서 깨물고 합하는 작업이다. 즉 세상에서 어떤 물건이 끼어 있을 때, 그것을 깨물어 합하는 일이다. 괘의 모습을 보면, 위와 아래에 두 양(陽: ━)이 있고 가운데가 비었으니[╍] 턱과 입의 모습이다. 네 번째 효가 양(陽: ━)으로 그 사이에 끼어 있다. 때문에 반드시 이것을 깨문 뒤에 합한다. 그래도 점괘가 괜찮은 이유는 막힌 것이 있어 통하지 못하였는데, 깨물어 합하면 통하게 되어서이다. 세 개의 음효(陰爻: ╍), 즉 2효와 3효, 그리고 5효와 세 개의 양효(陽爻: ━), 즉 1효, 4효, 6효가 굳세고 부드러운 것이 절반인데다가, 아래 괘는 움직이는 우뢰이고 위 괘는 밝은 번개이다. 이는 음(陰: ╍)이 양(陽: ━)의 자리에 있기에 자리가 마땅하지 않지만, 형벌을 쓰면 괜찮아진다는 사실을 보여준다. 옥사(獄事)를 다스리는 방법은 오직 위엄과 밝음인데 그 중용을 얻는 일이 소중하다."[171]

치옥지도(治獄之道), 위명득중(威明得中)!

형벌을 쓰는 방법은 위엄과 밝은 도리로 적절함을 얻어야 한다. 그 적절함으로 인도하는 삶의 자세가 다름 아닌 교육이다.

정이는 『역전』에서 보다 구체적으로 지적한다.

---

171) 『周易本義』"噬嗑": 噬, 齧也, 嗑, 合也. 物有間者, 齧而合之也. 爲卦, 上下兩陽而中虛, 頤口之象. 九四一陽, 間於其中, 必齧之而後合. 故爲噬嗑. 其占, 當得亨通者, 有間故, 不通, 齧之而合則亨通矣. 又 三陰三陽, 剛柔中半, 下動上明, 下雷上電, 本自益卦六四之柔上行, 以至於五而得其中, 是知以陰居陽,雖不當位, 而利用獄. 蓋治獄之道, 惟威與明而得其中之爲貴. 故筮得之者, 有其德則應其占也.

> "밝게 분변함은 옥사(獄事)를 살피는 근본이다. 우레는 움직임을 상징하고 번개는 밝음을 대변한다. 우레는 진동하고 번개는 빛나서 서로 기다려 함께 나타난다. 그러기에 합하여 빛난다. 때로는 따스하게 비추어 주기도 하고, 때로는 위엄으로 제압하며, 이 두 가지를 병행하여 옥사를 처리할 필요가 있다. 비추어 주면 실정을 숨기는 일이 없고, 위엄으로 다스리면 두려워하지 않는 사람이 없다."[172]

찰옥지도(察獄之道), 조위병행(照威竝行)!

이런 점에서 교육은 '따스한 보살핌'과 '엄격한 제한'의 이중주로 진보를 거듭한다.

172) 『易傳』"噬嗑": 明辨, 察獄之本也. 動而明, 下震上離, 其動而明也. 雷電合而章, 雷震而電耀, 相須竝見, 合而章也. 照與威竝行, 用獄之道也. 能照則无所隱情, 有威則莫敢不畏.

76

세상을 만드는 화성천하化成天下의 기법

어떤 수식어로 표현하건, 교육은 세상의 평화와 인간사회의 행복을 위한, 인간의 자기 구제 장치일 뿐이다. 개인의 성장이나 공동체의 구성도 최상의 교육을 구현하려는 안전장치의 확보에 불과하다. 그 안전장치는 다양하게 만들어진다. '만들어진다!'라는 것은 꾸미고 또 꾸며나가는 문명(文明)의 다른 이름이다.

'문명(文明)'이라는 용어는 『주역』"비(賁:䷕)"괘에서 '천문(天文)'과 '인문(人文)'의 유기체적 인식에서 구체적으로 드러난다. '자연의 무늬'와 '인간의 무늬'를 그리는 가운데, 두 세계가 교착(交錯)하는 세상의 운용방식을 엮어낸다.

"비"괘 '단(彖)'은 다음과 같이 기록하고 있다.

> "비(賁)가 쭉쭉 뻗어나가는 속성을 지닌 것은 부드러운 것이 와서 굳센 것을 꾸미기 때문이다. 굳센 것이 나뉘어 올라가 부드러운 것을 꾸미기 때문에 계속 나아가는 것이 괜찮다. 이것이 자연의 무늬이다. 그리고 그것은 지속적으로 무늬를 그려내며 밝은 세계를 지향한다. 이것이 인간의 무늬이다. 자연의 질서를 보고 사계절의 바뀜을 살핀다. 인간의 무늬를 보고 세상을 교화하여 가꾸어간다."[173]

173) 『周易』"賁卦": 彖曰, 賁亨, 柔來而文剛. 故亨, 分剛, 上而文柔. 故小利有攸

인간이 꾸며 놓은 무늬, 그 인문(人文)의 세계를 보고, 인간은 그것을 새롭게 만들어 나가려는 기획을 한다. 새로운 문명의 창조이다. 그 저변에 교육이 자리한다.

정이의 풀이를 보면, 교육의 역할과 목표가 보다 구체적으로 드러난다. 인간의 무늬는 인간이 만들어 놓은 윤리 질서이다. 이러한 인문 세계를 관찰하여 세상을 교육해야 한다. 그 결과 사회가 질서 정연하게 움직이는 평화로운 상황을 형성하는 일이 다름 아닌 교육의 양식이다.[174]

往，天文也. 文明以止，人文也. 觀乎天文，以察時變. 觀乎人文，以化成天下.

174) 『易傳』“賁卦”: 人文，人理之倫序. 觀人文，以教化天下，天下成其禮俗，乃聖人用賁之道也.

77

자질 그대로 나아가려는 질소무구質素无咎

1970년대 국민학교(현재 초등학교)를 다닐 때, 아침 조회 시간 때마다 외웠던 구절이 있다. 1968년 12월 5일, 박정희 대통령에 의해 선포된 「국민교육헌장」이다. 요즘은 거의 잊혀졌지만, 박정희 정권 치하에서 고등학교까지 다녔던 사람들에게 이 헌장은, 뇌리를 스치는 문구가 아니라 의식에 각인되어 있다. 세뇌교육을 잘 받은 것인가? 문장이 훌륭해서인가? 비전이 가득 담겨 있어서인가? 박정희 시대를 바라보는 관점에 따라 「국민교육헌장」은 부침을 거듭해왔다. 진보 세력은 그것이 독재정치의 잔재이므로 청산해야 하는 유물로, 보수 세력은 국가부흥의 밑거름이 되는 교육이상이므로 지속해야 하는 유산으로 인식한다. 저 명문장 속에 녹아 있는 정신의 실체는 무엇일까? 사상 논쟁이나 비평은 뒤로 하고, 옛 기억을 되새기며 다시 전문을 읊어본다.

> "우리는 민족중흥의 역사적 사명을 띠고 이 땅에 태어났다. 조상의 빛난 얼을 오늘에 되살려, 안으로 자주독립의 자세를 확립하고, 밖으로 인류공영에 이바지할 때다. 이에, 우리의 나아갈 바를 밝혀 교육의 지표로 삼는다.
>
> 성실한 마음과 튼튼한 몸으로, 학문과 기술을 배우고 익히며, 타고난

> 저마다의 소질을 계발하고, 우리의 처지를 약진의 발판으로 삼아, 창조의 힘과 개척의 정신을 기른다. 공익과 질서를 앞세우며 능률과 실질을 숭상하고, 경애와 신의에 뿌리박은 상부상조의 전통을 이어받아, 명랑하고 따뜻한 협동 정신을 북돋운다. 우리의 창의와 협력을 바탕으로 나라가 발전하며, 나라의 융성이 나의 발전의 근본임을 깨달아, 자유와 권리에 따르는 책임과 의무를 다하며, 스스로 국가 건설에 참여하고 봉사하는 국민정신을 드높인다.
> 반공 민주 정신에 투철한 애국 애족이 우리의 삶의 길이며, 자유세계의 이상을 실현하는 기반이다. 길이 후손에 물려줄 영광된 통일 조국의 앞날을 내다보며, 신념과 긍지를 지닌 근면한 국민으로서, 민족의 슬기를 모아 줄기찬 노력으로, 새 역사를 창조하자.
> 1968년 12월 5일 대통령 박정희"

이 전문을 다시 읊은 이유는 아주 단순하다. "타고난 저마다의 소질을 계발하고"라는 구절이 『주역』"비(賁)"괘의 마지막 효와 맞닿아 있기 때문이다. 여섯 번째 효인 상구(上九:⚊)는 "꾸미는 일을 희게 하면 허물이 없다!"[175]이다.

'희다', '하얗다'라는 말은 꾸미는 일이 없거나 적다는 말이다. 흰색에서 검은색으로 짙어갈수록 꾸미는 일은 많아진다. 강도가 점점 높아진다. 그것은 일종의 중독처럼, 인간의 문명이 쌓이고 쌓여서 거짓을 유발할 가능성을 높인다는 말이다.

정이의 언표가 그것을 담보한다.

---

175) 『周易』"賁": 白賁, 无咎.

> "꾸미는 일이 최고조에 이르면 지나치게 화려하고 거짓으로 포장된 상태에 빠진다. 그것은 오류를 낳는다. 꾸미는 일을 소박하게 하면 오류에 빠지지는 않는다. '희다'라는 말은 꾸미지 않은 타고난 바탕을 의미한다. 그 타고난 바탕, 즉 소질을 숭상하면 본래의 진면목을 잃지 않는다. 그렇다고 '소질을 숭상한다!'라는 표현이 '꾸미는 일이 전혀 없다!'라는 말은 아니다. 지나치게 화려하게 꾸며 실질을 없애지 않도록 조치할 뿐이다."[176]

부귀영화를 누릴 수 있는 높은 지위를 차지하게 되었을 때, 대부분의 인간은 자신이 하고 싶은 일을 멋대로 하고, 화려하게 꾸미며 자신을 포장하고 과시하기 쉽다. 이런 삶의 자세는, 화려하게 꾸민 만큼 일을 지나치게 만들고 끊임없이 과대 포장하며 거짓에 거짓을 낳는다. 그것은 인간으로서 실제와 본질을 잃고 야만을 초래한다.[177] 때문에 교육은 끊임없이 요청한다.

> 질소무구(質素无咎)!

타고난 소질을 계발하라! 대신, 소박하게, 최대한 거짓 없이, 꾸미지 말고! 그래야만이 오류를 최소화할 수 있다! 교육은 문명을 창조하는데 적극적으로 기여해야 한다. 그러나 그 문명을 지나치게 화려하게 꾸며서는 곤란하다.

---

176) 『易傳』"賁": 賁飾之極, 則失於華僞. 唯能質白其賁, 則无過失之咎. 白, 素也. 尙質素, 則不失其本眞. 所謂尙質素者, 非无節也. 不使華沒實耳.

177) 『易傳』"賁": 旣在上而得志, 處賁之極, 將有華僞失實之咎. 故戒以質素則无咎, 飾不可過也.

78

소식영허消息盈虛의 순환 사이

"박(剝:䷖)"괘는 '떨어짐', 즉 '락(落)'의 뜻을 지니고 있다. 어쩌면 인생에서 '락(落)'은 매우 부정적인 이미지를 남긴다. '떨어지다', '몰락하다', '버리다', '벗겨지다', '쓸모없게 되다' 등의 의미를 지니고 있고, 최악의 경우에는 '죽다'와 같은 뜻을 품고 있기 때문이다. 그것은 인생뿐만 아니라 각종 교육에서도 마찬가지이다. '떨어지기'보다는 '붙어야' 하고, '쓸모없는 인간'보다는 '쓸모 있는 인간'으로 성장해야 한다. 특히, 죽음으로 몰고 가는 교육보다는 삶으로 인도하는 교육이어야 긍정적인 삶의 힘을 열망할 수 있다. 정이와 주희의 풀이가 의미를 명확하게 보여준다.

주희는 『주역본의』에서 다음과 같이 표현했다.

> "박은 떨어짐이다. 다섯 개의 음(陰:--)이 아래에 있으면서 막 자라나고 있다. 하나의 양(陽:—)이 위에 있으면서 곧 사라지려고 한다. 음은 무성하게 자라나고 양은 사라져 떨어지는 모습이므로 9월의 괘이다. 음이 무성하고 양이 쇠퇴하니, 교양 수준이 낮은 소인배가 활보하며 날뛰고, 교육받은 인격자인 군자가 병이 들어 비실비실하는 것과 같은 상황이다. 이런 형국에서 지도성을 갖춘 인격자가 함부로 나아가서는 안 된다."[178]

---

178) 『周易本義』"剝: 剝, 落也. 五陰在下而方生, 一陽在上而將盡, 陰盛長而陽消

정이는 『역전』에서 이렇게 말했다.

"박괘는 여러 음(陰:--)이 자라나고 무성해져 양을 사라지게 하는 시기이다. 교양 없는 여러 인간들이 교육받은 인격자를 무시하고 깎아내린다. 그러므로 인격자들이 그들 사이로 나가는 것은 좋지 않다. 말을 공손히 하고 자취를 숨겨서, 때에 따라 나아가고 물러나기도 하며, 교양 없는 인간들에게서 해코지를 당하지 않아야 한다."[179]

그 판단이 '단(彖)'에서 잘 드러난다.

"박괘는 떨어져 무너진다는 뜻인데, 부드러운 음(--)이 굳센 양(—)을 바꾸는 짓이다. 이때 교양 있는 사람들이 나아가면 좋지 않다는 말은 소인배들이 자라나기 때문이다. 상황에 따라 멈추는 것은 이런 모습을 보고 하는 일이다. 교양을 갖춘 사람은 사라지고 자라나며 차고 빈 것을 충분히 고려한다. 이것이 바로 우주자연의 질서이다."[180]

정이는 교육받은 사람들이 왜 현명한지, 나름대로의 대처법으로 통해 그들을 주시하며 옹호했다.

"교양을 갖춘 사람인 군자는 몰락해 가는 박(剝)의 상황을 만났을 때, 그런 곳에 나아가서는 안 됨을 안다. 그리고는 그런 상황이 어떠한지를 제대로 파악하여 조용히 멈춘다. 그런 만큼 떨어지는 때에 대처하

落, 九月之卦也. 陰盛陽衰, 小人壯而君子病, 故占得之者不可有所往也.

179) 『易傳』"剝": 剝者, 群陰長盛, 消剝於陽之時, 衆小人, 剝喪於君子. 故君子不利有所往. 唯當巽言晦迹, 隨時消息, 以免小人之害也.

180) 『周易』"剝"'彖': 剝, 剝也. 柔變剛也. 不利有攸往, 小人, 長也. 順而止之, 觀象也. 君子, 尙消息盈虛, 天行也.

는 법을 알고 역량을 확보해 놓아야 한다. 교육받은 사람은 세상의 모든 존재가 사라지고 자라나는 이치와 차오르고 비어가는 원리를 터득하여 상황 파악을 잘해야 한다. 세상의 이치에는 사라지고 자라나는 일과 꽉 차고 텅비어가는 일이 있다. 이를 확실히 알아 따르면 괜찮다. 잘 모르는 상황에서 거스르면 재앙을 맞을 수 있다. 때문에 교육받은 사람은 상황에 따라 그것을 충분히 고려한다. 이것이 자연의 질서를 존중한다는 의미이다."[181]

이는 괘의 모습을 통해 삶의 목표로 연결된다.

"산이 땅에 붙어 있는 것이 박괘의 모습이다. 인간 세상에 적용하면, 그것은 윗사람이 보고서 아래 사람들을 잘 살게 만들고 집안을 편안하게 만드는 형국이다."[182]

옛날의 군주를 비롯하여 일반 사람의 위쪽에서 지도하는 교육자들은 "박"괘의 모습을 보고서 아래의 여러 사람들을 잘 살게 만들고, 제대로 안착하여 편안하게 거주할 수 있도록 애써야 한다. 이런 차원에서 아래는 위의 근본이다. 아래쪽이 튼튼해야 위쪽이 무너지지 않는다. 위쪽이 무너지는 일은 반드시 아래로부터 시작한다. 때문에 아래가 무너지면 위태롭다. 사람들을 인도하는 위치에 있는 지도자들이 이런 이치를 알면, 일반 사람들을 편안하게 살게 하여

---

181) 『易傳』"剝": 君子, 當剝之時, 知不可有所往, 順時而止, 乃能觀剝之象也. 卦有順止之象, 乃處剝之道, 君子當觀而體之. 君子, 尙消息盈虛天行也, 君子, 存心消息盈虛之理而能順之. 乃合乎天行也. 理, 有消衰, 有息長, 有盈滿, 有虛損, 順之則吉, 逆之則凶. 君子, 隨時敦尙, 所以事天也.

182) 『周易』"剝": 山附於地剝, 上以厚下安宅.

한 사회의 근본을 탄탄하게 만들 수 있다. 이것이 다름 아닌 편안한 거주지를 마련해 주는 일이다. 사람은 한 사회의 근본이다. 그 근본이 튼튼해야 나라가 편안하다! 교육의 역할은 여기에서 조금도 벗어나지 않는다.

79

협력의 효율, 협력이승協力以勝

다양한 이유가 있겠지만, 인간은 홀로 살아가기 힘든, 존재 자체의 구조를 지니고 있다. 왜 홀로 활동하기 힘든 것일까? 지능 미비인가? 능력 부족인가? 그것은 사회라는 조직을 만들었고, 사회는 협력을 핵심 가치로 하는 공동 의식을 만들어 내었다. 『주역』"복(復:䷗)"괘에 그런 협력이 인류 사회에 필연적으로 요청되는 섭리가 녹아 있다.

"복"괘를 총괄적으로 설명하는 문구는 간단하게 기록되어 있다.

> "복괘는 소통이 잘 되는 일에 해당한다. 나가고 들어올 때 괴로운 차원이 없어, 벗이 와야 허물이 없다."[183]

정이는 이 짧은 구절을 다음과 같이 길게 설명했다. "복"괘가 소통이 잘되는 일이라고 했는데, 이는 회복하면 잘 뚫린다는 의미이다. 이른 바 '회복탄력성(resilience)'과도 상통한다. 양(陽:⚊)의 기운이 아래에서 다시 생겨나면 점점 뻗어 나오고, 그것이 무성하여 모든 존재를 자라나게 한다. 인간사회도 마찬가지이다. 지도자가 자신의 본분을 회복하면 점점 능력을 발휘하여 세상을 잘 살게 만

183) 『周易』"復": 復, 亨. 出入, 无疾, 朋來, 无咎.

드는 데 기여한다. 그러므로 "복"괘에 쭉쭉 뻗어나가면서 무성하게 자라나는 이치가 담겨 있는 것이다.

'나가고 들어올 때 괴로운 차원이 없다.'라는 말은, '나서 자라는 일'이 자연스러움을 뜻한다. 양(陽:⚊)이 다시 안에서 생기는 것은 '들어오는 일'에 해당하고, 자라나서 밖으로 나아가는 것은 '나가는 일'에 해당한다. 사물이 처음 생겨날 때는 그 기운이 아주 미미하다. 그런 만큼 어려움이 많다. 양(陽:⚊)이 처음 생겨날 때는 그 기운이 아주 미미하다. 그만큼 꺾어지는 일이 많다. 봄이 되어 양의 기운이 펼쳐질 때, 음(陰:⚋)의 찬 기운에게 꺾일 수 있다. 풀과 나무의 잎이 어떤 모양을 하고 있는지를 보면 이를 알 수 있다. 초목은 아침이 되면 오므리고 있던 잎을 서서히 펼치기 시작한다. 낮에는 모두 펼쳤다가 저녁이면 다시 오므린다. 이렇게 반복하는 일이 법칙이다. 양의 따스한 기운과 음의 찬 기운이 반복되기 때문이다.

다시 강조하면, '나가고 들어올 때 괴로운 차원이 없다'라는 말은, 모든 존재가 나고 자라는 이 미미한 생장의 과정에, 나고 자라는 이 반복의 상황을 해치는 것이 없다는 뜻이다. 해치는 존재가 없고, 같은 부류인 친구들이 찾아온다면, 앞으로 더욱 번영할 것이므로 허물이 없다. 허물이란 기운의 차원에서는 어그러짐이 되고, 교육받은 인격자에게는 꺾이고 막히는 일이 벌어져 자신의 역할을 제대로 수행하지 못하는 것이다. 양의 따스한 기운이 회복될 때는 병 기운이 있어 괴롭더라도 진실로 그 회복함을 저지하지는 못한다. 약간의 장애가 될 뿐이다. "복"괘의 특성상 '병이 없는' 뜻이 스며들어 있다. 다름 아닌 '회복하는 길'이 담겨 있는 것이다. 하나의 양(陽:⚊)이 처음 생겨나 아주 미미한 상태에서는 여러 음(陰:⚋)을 이겨서 사물을 낳게 하지는 못한다. 때문에 반드시 친구인 여러 양(陽:⚊)이 오기를 기다려야 한다. 그런 다음에 사물을 낳을 수 있고 어그러짐이 없다. 이에 '벗이 와야 허물이 없다!'라고 한 것이다. 양의 따스한 기운이 사물을 생성하는 것은 친구인 여러 양의 지원 덕분이다. 아무리 교육받은 사람일지라도, 그의 본분을 잃었거나 역할이 소멸되었다가 회복할 때, 곧바로 교양 없는 소인배들을 이길 수는 없다. 반드시 친구들의 도움이 늘어나기를 기다리며 협력해 나갈 때 이길 수 있다.[184)]

그러기에 교육은 친구들과 협력하는 데서 빛을 발한다. 나 홀로만이 아니라, 함께 부조리한 측면들을 제거하고, 도리에 맞는 상식의 회복을 꾀할 수 있다.

이러한 회복은, 동일한 의미는 아니지만, 논리적으로 회복탄력성(resilience)으로 이해할 수 있다. 회복탄력성은 다양한 역경과 시련, 또는 실패에 대한 인식을 도약의 발판으로 삼아 보다 높이 뛰어오를 수 있는 마음의 근력이다. 세상의 여러 존재들이 제각기 탄성(彈性)이 다르듯이 사람에 따라서도 역경이나 시련, 실패에 대한 탄

---

184) 『易傳』"復": 復亨, 旣復則亨也. 陽氣復生於下, 漸亨盛而生育萬物, 君子之道旣復, 則漸以亨通, 澤於天下. 故復則有亨盛之理也. 出入无疾, 出人謂生長, 復生於內, 人也, 長進於外, 出也, 先云出, 語 順耳. 陽生, 非自外也, 來於內. 故謂之人. 物之始生, 其氣至微. 故多屯艱, 陽之始生, 其氣至微. 故多擢折, 春陽之發, 爲陰寒所折, 觀草木於朝暮則可見矣. 出入无疾, 謂微陽生長, 无害之者也, 旣无害之, 而其類漸進而來, 則將亨盛. 故无咎也. 所謂咎, 在氣則爲差忒, 在君子則爲抑塞, 不得盡其理. 陽之當復, 雖使有疾之, 固不能止其復也. 但爲阻礙耳, 而卦之才有无疾之義, 乃復道之善也. 一陽, 始生至微, 固未能勝群陰而發生萬物. 必待諸陽之來然後, 能成生物之功而无差忒, 以朋來而无咎也. 三陽子丑寅之氣, 生成萬物, 衆陽之功也. 若君子之道, 旣消而復, 豈能便勝於小人. 必待其朋類漸盛, 則能協力以勝之也.

성이 다르다. 밑바닥까지 떨어졌다가도 강한 회복탄력성으로 다시 튀어 오르는 사람들은, 원래 있었던 위치보다 높은 곳까지 올라갈 수도 있다.

크게 성취하거나 지속적 발전을 이루고 있는 개인이나 공동체는 실패나 역경을 딛고 일어선 경우가 많다. 그것은 앞에서 말한 음(陰:--)의 찬 기운에 대해 어떻게 파악하고 의미를 부여하느냐에 따라, 찬 기운을 그대로 유지하느냐, 아니면 양(陽:—)의 따스한 기운으로 회복하느냐의 갈림길에 서게 된다. 음의 찬 기운을 회복했다는 사실, 비유하면, 실패나 역경을 딛고 일어났다는 것은 자신에게 처해진 상황을 긍정적으로 받아들이는 삶의 자세를 확보했다는 의미이다.

이는, 달리 말하면, '반복기도(反復其道)'이고 '음양소식(陰陽消息)'이다. '악극이선(惡極而善)'이며 '정극이동(靜極而動)'이다. 그것은 배우는 사람들에게 '진심(盡心)'의 활력이 되어야 한다. 다시 풀이하면, 자연의 질서에서는 상반되는 것이 순환하면서 회복하는 길이고, 찬 기운과 따스한 기운이 사라지고 자라나는 영원한 과정이다. 인간사회에서는 고요한 상황이 절정에 이르면 조금씩 꿈틀대며 움직이는 형상이 나타나고, 나쁜 짓이 최고조에 달하면 착한 일로 돌아가는 양상이다. 이것을 주관하는 존재가 교육이다. 그 교육은 마음을 다할 때, 효과를 드러낸다.

마음을 다한 후, 인간의 길을 회복하기 위한 최고의 공부가 '협력(協力)'이다. 협력만이 회복을 이룰 수 있는 무기이다. '협력이승(協力以勝)'! 그것은 나 홀로 독서실에서 책 속으로만 빨려 들어가는 공부가 아니다. 긍정적 차원을 더욱 긍정적이게 만드는 벗들의 도움을 통해, 부정적 차원을 긍정적으로 돌려놓으려는 노력, 그것이 공부의 본래 모습이리라.

80

차분함을 이끄는 안정이양安靜以陽

찬 기운과 따스한 기운의 순환 가운데 온전한 회복을 구현하려면 어떤 자세가 필요한가? 이는 부조리나 부정을 파악하고 그것을 조리(條理)와 정의(正義)로 회복하려는 삶의 자세와 직결된다.

이 지점에서 '정의(正義)'의 개념을 다시 확인해 보자. 베르그송은 『도덕과 종교의 두 원천』에서 '정의'에 대해 강렬하게 명시하였다.

"모든 도덕적 개념들은 서로 침투한다. 그러나 그 가운데 '정의'의 개념만큼 교훈적인 것도 없다. 왜냐하면 정의의 개념은 대부분의 다른 도덕적 개념을 포괄하고, 또한 그것은 더없이 풍부함에도 불구하고, 가장 간단한 용어들로 표현된다. 무엇보다도 이 개념에 두 형태의 의무가 서로 연결되어 있음을 보기 때문이다.

'정의(正義)' 개념은 항상 '평등(平等:églité)'과 '균형(均衡: proportion)'과 '보상(補償: compensation)'의 관념들을 일깨워 왔다. '저울로 잰다(pensare)'는 말에서 '보상(compensation)'이나 '보답(récompense)'이라는 말이 파생되었는데, 이것은 '무게를 단다(peser)'는 의미를 지니고 있다. 정의는 균형과 함께 표상되었다. 공평(èquité)은 평등을 뜻한다. 자(réagle), 조성(rēaglement), 공정(rectitude)과 규칙(régularité)은 직선을 나타내는 낱말들이다. 수학과 기하학에서 살펴보면, 이 직선적 말들은 역사 과정(즉, 실행)을 통해 정의의 특징들을 이룬다.

이 개념은 물물 교환(échanges) 속에서도 이미 명확히 윤곽 지어져 있었음에 틀림없다. 한 사회가 아무리 원시적인 사회에서도 물물 교환은 이루어졌다. 그리고 서로 교환된 두 대상이 완전히 똑같은 가치를 갖는지를, 말하자면 똑같은 제3의 물품과 교환할 수 있는지를 의문시하지 않고는 물물 교환이 이루어질 수 없다. 이러한 '가치의 동등성'은 규칙으로 정립되며, 규칙은 집단의 관습에 유입되고, '모든 의무'가 이렇게 해서 규칙에 부과된다.

이런 점에서 정의의 개념은, 이미 가장 명료한 형태로서 명령적인 성격과 평등의 관념과 자신에게 덧붙여진 상호성의 관념과 함께 성립한다. 그러나 정의는 단순히 사물의 교환에만 적용되지는 않는다. 점차로 이 개념은 오랫동안 사물이나 교환에 대한 모든 생각으로부터 분리되지 않고, 사람들 사이의 관계에까지 그 적용 범위가 확대된다."[185]

이러한 포괄적 의미의 정의가 『주역』"복"괘 '상(象)'에 응축되어 있다.

> "우레가 땅 가운데 있는 모습이 복괘이다. 옛날에 지도자가 그것을 보고 동짓날에 관문을 닫아 장사꾼과 여행자가 다니지 못하게 했고, 제후는 지방을 시찰하지 않았다."[186]

얼핏 보기에는 어렵게 느껴지는 이 기록에 회복탄력성의 의미가

185) 베르그송(이희영 옮김), 『도덕과 종교의 두 원천』, 동서문화사, 2016, 493쪽.
186) 『周易』"復": 雷在地中, 復. 先王以, 至日閉關, 商旅不行, 后不省方.

함축되어 있다. 정이와 주희의 풀이가 그것을 뒷받침한다.

정이는 『역전』에서 말했다.

> "우레는 음(陰: --)의 기운과 양(陽: ㅡ)의 기운이 서로 부딪쳐 소리를 만들어 낸다. 하지만 양(陽)의 기운이 미미할 때는 소리를 펼치지 못한다. '우레가 땅 속에 있다'는 말은 양이(陽)이 처음 회복하는 시기이다. 양(陽)이 처음으로 아래에서 겨우 생겨 아주 미미하다. 그러므로 차분하고 고요하게 자리한 다음에야 자랄 수 있다. 옛날의 지도자들은 우주자연의 질서에 따라 동짓날에 양(陽)이 처음 생긴다고 인식하고, 차분하고 고요하게 자리하여 양(陽)의 기운을 길렀다. 그러므로 관문을 닫아 장사꾼과 여행자가 다니지 못하게 하고, 제후도 지방을 시찰하지 않았다. 사람의 몸도 마찬가지이다. 차분하게 고요히 앉아 따스한 기운을 길러야 한다."[187]

세네카(Lucius Annaeus Seneca, 기원전 4~65)의 '마음의 평정'에 관한 견해가 시사점을 던진다.[188]

마음의 안정된 정신 상태를 그리스인은 '좋은 마음의 상태'라고 불렀다. 달리 말하면, '마음의 평정(平靜)'이다. 굳이 '좋은 마음의 상태'라거나 '마음의 평정'이라는 말을 그대로 흉내낼 필요는 없다. 명칭으로 나타내야 할 것은 대상이 되는 말의 뜻이다. 명칭은 본래의 뜻을 지녀야 하지만, 말의 형태는 달리해도 좋다. 때문에 인간이

---

187) 『易傳』"復": 雷者, 陰陽相薄而成聲, 當陽之微, 未能發也. 雷在地中, 陽始復之時也. 陽始生於下而甚微, 安靜而後能長. 先王順天道, 當至日陽之始生, 安靜以養之. 故閉關, 使商旅不得行, 人君, 不省視四方, 觀復之象而順天道也. 在一人之身, 亦然, 當安靜以養其陽也.

188) 세네카(김현창 옮김), 『인생이야기』, 동서문화사, 2016, 310-311쪽, 참조.

추구하려는 것은 다른 차원일 수 있다.

'어떻게 하면 정신이 평탄하고 편한 길을 갈 수 있는가?'

'어떻게 하면 자신과 온건하게 지내고, 스스로의 특성을 기쁨으로 바라보고, 그 기쁨을 멈추지 않고 우쭐대는 일 없이, 그렇다고 울적하지도 않고, 언제나 조용한 상태를 계속 유지할 수 있는가?'

이런 문제들이다. 이 물음에 대한 긍정적이고 합당한 해답, 그 정답이 '마음의 평정' 아닐까? 어떻게 하면 이 마음의 평정에 이를 수 있는가?

인간은 누구에게나 알맞은 그 일반적 요법에서 바라는 것만을 받아들이면 된다. 먼저, 병폐를 남김없이 드러내라! 그렇게 함으로써 저마다 자기에게 있는 병폐를 깨달을 수 있도록 하는 것이 좋다. 그러면 동시에 자신도 큰일을 여러 사람 앞에서 말하고, 그것에 속박되어 스스로 쓴 과대한 능력의 기록에 고생하면서, 자신의 의지에서가 아니라 수치심에서 자기기만을 계속하는 자들과 비교하여, 자신에 대한 혐오가 얼마나 작은 문제인지를 이해할 수 있다.

자신의 변덕이나 혐오심, 잦은 변심으로 고통 받아 버렸던 것이 좋았다고 늘 생각하는 사람도, 또한 무기력한 상태가 되어 힘들어 하는 자들, 이런 자들은 모두 같은 범주에 들어간다. 불면증으로 고생하는 사람처럼 몸을 뒤척이며, 자세를 이리저리 바꾸어 지친 나머지 편안함을 찾는 자들도 이 범주에 넣도록 한다. 그와 같은 사람들은 삶의 상황을 줄곧 바꾸려고 한 끝에 마지막에는 변혁에 대한 혐오에서가 아니라 개혁에는 둔감한 늙은 나이에 멈추어, 거기에서 움직이지 않게 된다. 더 나아가 그다지 변덕은 아니지만 이 일관성이 늘 지닌 떳떳한 마음이 아니라 게으름 때문이며, 자기가 바라는 대로 삶을 보내는 것이 아니라 시작한 대로의 삶을 보내는 자도 이 범주에 넣으면 된다. 예를 들자면 한이 없으나 이 병폐의 결과는 하나이다. 자기에 대한 불만이 바로 그것이다.

그 원인은 마음의 균형의 모자람과 겁먹은 욕망, 또는 완전히 채워지지 않은 욕망 때문이다. 바라는 일을 과단성 있게 할 수도 없고, 원하는 일을 이룰 수도 없다. 모든 것을 희망에 기댄다. 그와 같은 사람은 늘 불안정하고 유동적이다. 모든 일에서 어중간한 자의 필연적인 결과이다. 그들은 자기가 소원하는 일을 온갖 수단을 다해 이루고, 불명예스러운 일이나 곤란한 일까지도 스스로에게 강요한다. 그러나 고생이 보답 받지 못하면 소원이 이루어지지 않은 수치심에 괴로워한다. 더욱이 정상이 아닌 것을 바라고 그에 대해 한탄하는 게 아니라 소원이 물거품으로 돌아간 것을 탄식한다. 그때 그들은 좌절된 계획에 대한 후회의 마음, 또 새로운 계획에 들어가는 일에 대한 두려운 마음에 사로잡혀, 그 정신으로는 욕망을 억제할 수도 없고 그렇다고 욕망을 채울 수도 없다. 때문에 출구를 찾을 수 없는 마음의 동요나 생각대로 펼쳐지지 않는 삶에의 주저, 포기당한 여러 염원 속에서 무기력해지는 마음의 침체가 스며든다.

세상일에 바쁠 때 바로 그 일에서 얻었던 즐거움을 빼앗겨 버린다면, 자기 집이나 고독에 둘러싼 벽을 견딜 수가 없다. 마침내 혼자 남겨진 자기의 모습을 혐오감을 가지고 바라본다. 안정된 장소를 그 어디에서도 찾아볼 수 없는 정신의 흔들림, 그와 같은 정신의 권태가 불만, 그리고 또 아무것도 하는 일 없는 삶을 견디는, 슬프고도 병든 인내로 안내한다. 어찌할 것인가?

'안정(安靜)'은 몸과 마음을 편안하게 하여 조용히 지내는 상황이다. 아직 활동할 수 있는 상황이 아닐 때, 교육하기에 적합하지 않은 환경일 때, 차분하게 때를 기다려야 한다. 어떤 일을 진행하기 위해 이제 겨우 준비하고 있다면, 차분하게 고요한 마음으로, 착실하게 예비하라! 그 일을 펼쳐낼 수 있는 시기가 되면, 그 일은 필연적으로 싹을 틔우고 가지를 뻗는다. 겨울 내내 웅크리고 있던 씨앗이 봄이 되어 싹을 틔우듯이, 그 웅크림은 아무 것도 하지 않고 가만히 있는 그런 웅크림이 아니다. 차분하고 고요하면서도 온 힘을 다해, 다시 자신을 회복하려는 열정이다.

그 차분함은 고요함 자체에 머무는 것이 아니라, 가장 강력한 활력의 씨앗을 뿌리고 있다. 인간의 교육도 그러한 예비 가운데, 가장 강력한 인격의 씨앗을 뿌린다. 차분함의 한가운데서 우러나와 자라서 열매를 맺을 때, 최고의 인격을 확보할 수 있다.

81

질서에 따라 행진하는 무시육물茂時育物

인간 세상에 드러나는 삶의 양태를 크게 둘로 나누면, '참'과 '거짓'이다. 다시 말하면, 진실(眞實)과 허위(虛僞)일 뿐이다. 진실은 언행이 정상을 지속하는 상황이다. 허위는 망령(妄靈)이 들어 언행이 정상을 벗어난, 비상식의 혼란에 빠진 상태이다. 때문에 인간은 망령을 벗어나, 망령됨이 없는 무망(无妄)의 삶을 갈망한다.

거짓이 없는, 또는 허위에 빠지지 않는, 무망의 인간은 달리 말하면, 삶에 최선을 다하는 가장 성실한 존재이다. 자연에 비유하면, 그것은 자연의 질서에 따라 모든 존재가 생명력을 갖고 제각기 자신의 성품과 운명을 바르게 해 나가는 작업이다.[189] 그러기에 『주역』의 "무망(无妄:䷘)"괘의 '상(象)'은 다음과 같이 그 모습을 형용한다.

> "하늘 아래에 우레가 쿵쾅대며 울려서 물건마다 망령되지 않도록 경고하니, 옛날 지도자들이 이 광경을 살펴보고 자연의 질서가 왕성한 것에 걸맞게 모든 존재를 길러낸다!"[190]

---

189) 『易傳』"无妄": 无妄者, 至誠也. 至誠者, 天之道也. 天之化育萬物, 生生不窮, 各正其性命, 乃无妄也.

190) 『周易』"无妄"'象': 天下雷行, 物與无妄, 先王以, 茂對時, 育萬物.

정이의 『역전』 풀이는 정교함을 더한다.

"우레가 하늘 아래에서 우르릉 쾅쾅거릴 때 음양(陰陽)이 섞이면서 화합하여 서로 부딪치며 소리를 낸다. 이에 숨죽여 있거나 감춰져 있는 존재들이 놀라 깨어난다. 생명의 싹을 조금씩 틔워내면서 그것에 부여하는 것이 어떤 것은 크고 어떤 것은 작으며, 또 어떤 것은 높고 어떤 것은 낮게, 제각기 본성과 목숨을 갖추게 만들었다. 그것은 어그러지거나 망령됨이 없다. 모든 존재는 처음에는 진실 그 자체였다. 옛날의 지도자들이 이런 모습을 보면서 자연의 질서에 제대로 부합하여 모든 존재를 길러내어 제각기 마땅함을 얻게 하였다. 이는 자연의 질서가 망령됨이 없음을 이입해 주는 것과 같다."[191]

주희의 『주역본의』 해석도 유사하다.

"하늘 아래에 우레가 쿵쾅대며 울려서 엄청나게 흔들리며 사물이 생겨나서 모든 존재가 제각기 본성과 목숨을 제각기 갖추게 만들었다. 이는 모든 존재에게 망령됨이 없음을 부여한 것이다. 옛날 지도자들은 이런 자연의 모습을 관찰하고 모델로 삼아 때에 맞추어 존재를 길러냈다. 그 과정에서 모든 존재는 그 본성을 따르고 개인적 차원에서 이기적으로 행동하지 않는다."[192]

---

191) 『易傳』"无妄": 雷行於天下, 陰陽交和, 相薄而成聲. 於是, 驚蟄藏. 振萌芽, 發生萬物, 其所賦與, 洪纖高下, 各正其性命, 无有差妄, 物與无妄也. 先王觀天下雷行發生與之象, 而以對天時, 養育萬物, 使各得其宜, 如天與之无妄也.

192) 『周易本義』"无妄": 天下雷行, 震動發生, 萬物各正其性命, 是物物而與之以无妄也. 先王法此, 以對時育物, 因其所性而不爲私焉.

망령됨이 없이, 진실한 마음과 행동으로 나아가면, 뜻을 얻을 수 있다. 그것이 상식이다. 아니, 인간사회에서 공감(共感)은 존재의 성실함에서 우러나온다. 성실한 마음으로 몸을 닦으면 몸이 바르게 되고, 일을 처리해 나가면 이치에 맞게 성취된다. 사람을 마주하면 사람이 감동하고, 그만큼 교육의 효과는 지향하는 그대로 도달할 수 있다.[193)]

193) 『易傳』"无妄": 以无妄而往, 无不得其志也. 蓋誠之於物, 无不能動, 以之修身則身正, 以之治事則事得其理, 以之臨人則人感而化, 无所往而不得其志也.

82

일신기덕日新其德의 자질 함양

'신(新)'이라는 개념은 볼수록 신기하다. '새로움'이란 그런 것일까? 『대학(大學)』에서도 "일신우일신(日新又日新)"이라고 했다. 날마다 새로운 자세와 각오로, 자신을 돌아보고 시대를 성찰하며, 삶을 고민한다. 새로움으로 나아가는 길이, 그야말로 '새롭다'는 것은 다름 아닌 창조적 작업으로 인생을 기획하고 헤쳐 나가야 하기 때문이리라.

『주역』"대축(大畜:䷙)"괘의 '단(彖)'에 이 '신(新)'의 개념과 실천이 의미 있게 등장한다. '대축(大畜)'은 말 그대로 '크게 쌓아나가는 작업'이다. 쌓아나가기 위해서는 반드시 새로움을 추구해야 하는가? '단(彖)'에서 말한다.

> "대축(大畜)은 굳세고 튼튼하며, 도탑고 가득 차며, 빛이 나는 경우, 나날이 삶에서 얻는 인격이 새로운 차원으로 나아간다!"[194)]

새로움의 추구는 인간의 자질이나 노력과 직결된다. 사람의 재주가 굳세고 튼튼하며 도탑고 가득 차면, 쌓이는 것이 많고 충실하여 빛나는 것이 있다. 그리하여 쌓아 나가기를 그치지 않으면, 인간

194) 『周易』"大畜": 大畜, 剛健, 篤實, 輝光, 日新其德.

의 품격이 새로워진다.[195] 이는 인간에 대한 존중, 특히 현자(賢者)를 높이고 현인(賢人)을 기르는 교육적 행위에서 시작된다. 인격의 바탕이 그러하다. '현자를 높인다.'라는 의미의 '상현(尙賢)'과 '현인을 기른다.'라는 의미의 '양현(養賢)'은 인품을 드높이는 최상의 길이다. 다시 말하면, 크게 쌓은 사람은 마땅히 그 쌓은 것을 인간사회에 베풀어 세상을 구제해야 한다.[196]

그것은 개인의 일상(日常)일 뿐만 아니라 사회나 국가의 평상(平常)이기도 하다. 국가 사회는 현명한 인재를 양성하여 국가 사회가 추구하는 가치 실현에 매진해야 한다.

국가양현(國家養賢), 득기행도(得其行道)!

교육은 동서고금을 막론하고 여전히 그 길을 갈망한다. 2024년 현재, 대한민국의 「교육기본법」에서 규정하는 교육이념이나 목적도 이를 뒷받침한다.

"제2조(교육이념) 교육은 홍익인간(弘益人間)의 이념 아래 모든 국민으로 하여금 인격을 도야(陶冶)하고 자주적 생활능력과 민주시민으로서 필요한 자질을 갖추게 함으로써 인간다운 삶을 영위하게 하고 민주국가의 발전과 인류공영(人類共榮)의 이상을 실현하는 데에 이바지하게 함을 목적으로 한다."

---

195) 『易傳』"大畜": 人之才剛健篤實, 則所畜能大, 充實而有輝光, 畜之不已, 則其德日新也.

196) 『易傳』"大畜": 大畜之人, 所宜施其所畜, 以濟天下.

83

전통 실천의 전언왕행前言往行 정신

전통(傳統)은 시간의 유랑(流浪)인 동시에 공간의 누적(累積)이다. 인류가 살아온 거주지를 흐르고, 그 흐르는 세월을 통해 다져온 생활양식이자 정신이다. 때문에 전통은 현실이라는 시대정신을 두고, 미래로 연결되어 지속하느냐, 과거에 매몰되어 단절하느냐의 갈림길에서, 시대정신에 부응할 때 활력을 띤다.

『주역』"대축"괘의 '상(象)'은 그런 전통의 속성과 의미를 조용히 내면으로 파고들게 한다.

> "하늘[乾:☰]이 산[艮:☶]의 가운데 자리한 모습이 대축(大畜)이다. 옛날 현명한 지도자가 이런 형상을 관찰하고, 옛날 성현(聖賢)들의 말씀과 지나간 행실을 많이 알았다. 그것을 가지고 인간은 자신의 인격을 쌓는다."[197)]

'하늘이 산 가운데 자리하고 있다.'라는 말은 자연의 질서가 산 가운데 축적된 모습이다. 그 기운이 응축되어 자연을 만든다. 응축된 자연 질서 가운데 법칙과 이치가 담기고, 그것이 인간 세상에 응용될 때는 삶의 지혜로 드러난다. 이 자연과 인간을 연결하는 사상

---

197) 『周易』"大畜"'象': 天在山中大畜, 君子以, 多識前言往行, 以畜其德.

적 고리가 '전언왕행(前言往行)'이다.

'전언(前言)'은 이전 사람들이 남긴 '의미 있는 말'이다. '왕행(往行)'은 이전 사람들이 남긴 '올바른 행동'이다. 다시 말하면, 선조들이나 선배들의 훌륭한 언행이 현재를 형성한다. 현재는 과거의 누적이자 미래로 나아가는 통로이다. 누적된 과거는 정의를 위한 판단 기준을 제공하고, 그것은 현실에서 용광로처럼 녹인다. 그 결과 새로운 인생의 양식이 시대를 타고 조금씩 창출된다. 과거를 통째로 밀어내는 것이 아니라, 물갈이를 하듯, 조금씩 사라지고 나타나는, 시운(時運)을 걸어간다. 정이는 이 과정에서 '배움'의 기능과 역할을 강조한다.

> "하늘은 우주자연에서 가장 큰 것을 상징한다. '산 가운데 하늘이 있다'라는 말은 쌓인 것이 매우 큰 모습이다. 옛날에는 교양을 갖춘 인격자가 이런 형상을 보고, 학문이나 지식 등 인간의 품격을 높이는 자질을 내면 깊이 쌓아 크게 만들었다. 인간이 품격을 높이는 자질을 깊이 쌓는 작업은 배움을 통해 더욱 커진다. 옛날 훌륭한 분들의 말씀과 행실을 많이 듣고 그 자취를 파악하라. 그리고 그 쓰임을 관찰하라. 말을 살펴 마음이 어떠한지를 알아서 얻은 것을 바탕으로 인격을 쌓으라. 그것이 삶의 성취이다."[198]

배움은 그런 것이다. 몇 가지 중요한 양식이 교육의 방법을 숙연하게 만든다. '다문(多聞)', 즉 '많이 들어라!' 무엇을? '전고, 성현언행(前古, 聖賢言行)!'-이전부터 전해 내려오는 품격을 갖춘 인간의

---

198) 『易傳』"大畜": 天爲至大而在山之中, 所畜至大之象, 君子觀象, 以大其蘊畜. 人之蘊畜, 由學而大, 在多聞前古聖賢之言與行, 考跡以觀其用, 察言以求其心, 識而得之, 以畜成其德, 乃大畜之義也.

언행, 그리고 '고적관용(考跡觀用)!'-'품격을 갖춘 사람들은 어떤 삶을 영위했는가? 어떻게 쓸모 있는 인간으로 기여했던가?'를 검토하라! 나아가 '찰언구심(察言求心)'-말을 살피고 마음을 찾아라!

이런 전반적인 과정이 배움으로 도달할 수 있는 인격의 완성이다. 공부의 핵심이 여기에 있다. '다문(多聞)-관용(觀用)-찰심(察心)'으로 간략하게 정돈할 수 있는, 과거와 현재를 지속하는 전통의 공부양식은 외형적으로 공인된 사안을 많이 파악하고, 실제로 구현된 양식을 점검하며, 내면적으로 다시 응용할 수 있는 양식을 찾는 공부의 한 모델이다.

84

추세에 따라 탁세이진度勢而進

인생에는 '순로(順路)'와 '역로(逆路)'가, 그것도 수시(隨時)로, 종횡(縱橫)으로, 순역(順逆)의 시공간이 놓인다. 육하원칙의 제반 영역에서 그러하다. 즉 '누구에게나, 언제 어디에서나, 무엇을 어떻게, 왜?'라는 내용과 방법에서도, 순로와 역로가 시소게임을 한다. 순로는 말 그대로 순탄하고 앞날이 훤히 열린 길이다. 역로는 험악하고 앞날이 꽉 막힌 길이다. 그 순역의 도로를 내달리며, 희로애락의 여정에 매달리는 것이 인생이다.

『주역』"대축"괘는 처음부터, 강렬하게 경계의 눈빛을 보낸다. 인생에서 무언가를 쌓아나가는 길에는, 반드시 "위태로움이 생기게 마련이다. 그런 만큼 상황에 따라 그만두는 것이 오히려 괜찮다!"[199)]

어떤 일을 하건, 나아가기를 도모했을 때, 저지하는 사람들이나 걸림돌에 해당하는 다양한 요인들이 등장한다. 나보다 강하고 높은 지위에 있는 자들, 또는 유리한 형세를 차지하고 있는 경우, 어떻게 대적할 수 있겠는가? 나아가려고 할 때, 그 '관성(慣性)의 법칙'은 강하고 우월적 지위에 있는 존재들에게 덤벼들 수밖에 없는 양상을 연출한다. 덤벼들면서 나아가면 반드시 위태로운 상황을 맞이할 수

199) 『周易』"大畜"'初九': 有厲, 利已.

밖에 없다. 그런 순간에는 나아가지 않고 사태를 관망하는 것이 이롭다.

'상(象)'에서 이런 모습을 구체적으로 다시 정돈한다.

"재앙을 범하지 않는 일!"[200]

위태로운 일이 닥쳤을 때, 정상적인 인간은 크게 두 가지로 반응한다. 하나는 위태로움에 대항하여 극복하려는 자세이고, 다른 하나는 그것을 회피하고 다음 기회를 기다리는 것이다. 물론, 지나치게 나약한 사람은 그냥 포기하거나 주저앉을 수도 있다. 그러나 나의 능력이 상대방에 비해 부족한 경우, 어떤 일을 처음으로 추진하면서 조심스러운 상황일 때는 어떤 자세가 보다 유리할까? 위태로운 일이 있으면 일단 중지해야 한다. 재앙이 발생하여 해를 끼칠 것이 충분히 예견되는 데도 불구하고, 그 위태로움에 대항하여 덤벼들어서는 곤란하다.

이때 가장 필요한 자세는 '헤아림'이다. 제반 상황을 점검하고, 형세와 추세를 관찰해야 한다. 그것을 고려하지 않고 나아가면, 재앙이 찾아올 것이 분명하다.[201]

결국, 나아가지 않으면 허물은 없다! 불행무우(不行無尤)!

시대가 어떤가? 상황이 괜찮은가? 때의 번성함과 쇠퇴함을 보라! 세력의 강약을 확인하라! 교육을 통해 함양해야 할 역량은 이런 판단능력의 확보에 다름 아니리라.

---

200) 『周易』"大畜": 有厲利已, 不犯災.
201) 『易傳』"大畜": 有危則宜已, 不可犯災危而行也. 不度其勢而進, 有災必矣.

85

미리 대비하는 혜안, 금미발예禁未發豫

인간은 어떤 방식으로 '성장(成長)'할까? 여타의 동물처럼, 본능에 의해 영양을 공급받으며 살아갈까? 생물학적 영역에서 그렇게 사는 것도 분명하다. 그러나 그것만이 전부는 아니다. 흔히 말하듯이 '정신' 영역, 또는 '이성(理性)'의 기능이라고 해도 좋다. 일반 동물과 다른 차원의 가치를 부여하며 살아간다. 그것만이 인간의 유일한 존재 이유이다. 그래서 인간은 생물계에서 특수한 동물이다.

특수한 동물로서, 삶에 가치를 부여하기 위한 인간의 모든 행위는 '꿈'과 연결된다. 꿈은 이상(理想: idea)이다. 이상은 현실에서 구현되지 않은 미래지향적 '바람'이다. 그것이 현실적으로 유용한 지위에 있을지라도, 가치 추구는 궁극 목적을 향한 열정의 한 과정에 불과하다. 사회마다 차이가 있겠지만, 그 가치는 태어나면서 이미 이입되기 시작한다. 양육(養育)과 훈육(訓育), 그리고 교육(敎育)이라는 배려의 시공간을 넘나들며, 개인의 신체 건강과 사회의 윤리 터득, 나아가 신체와 정신의 일치를 포괄하는 인격함양을 지향한다.

『주역』"대축"괘의 네 번째 효는 그 성장의 양식에서 주요 포인트를 지적한다.

> "어린 소[송아지]를 외양간에 가두거나 머리에 나무를 가로 대어 함부로 움직이지 못하게 해야 좋다. 그래야 미래 전망이 밝다!"[202]

어린 아이나 낮은 직위에 있는 사람의 경우, 아직은 일이 서툴고 여러 측면에서 미약(微弱)하다. 미약한 시기에, 다가올 일에 대비해 놓으면 나중에 본격적으로 일을 맡았을 때 조절하기 쉽다. 어린 송아지에게 뿔에 가로 댄 나무를 걸어 함부로 날뛰게 하지 못하게 만들거나 외양간에 가두어 보호하는 경우가 이런 상황에 비유된다. 코뚜레로 온순하게 만드는 경우도 이와 유사한다. 그것이 인간에게는 윤리나 법으로 드러나기도 한다.

다시, 소에 비유하면, 소는 뿔이 나는 동물이다. 때문에 뿔로 들이 받는 성질을 지니고 있다. 들이 받는 성질을 제지하는 것이 뿔에 가로로 댄 나무, 즉 '곡(牿)'이다. 곡은 나무를 가로 대어 뿔로 들이 받는 성질이 펼쳐 나오지 않도록 조절하는 작업이다. 그 일은 어릴 때부터 조치를 취할 때 효과가 크다. 일생을 살아가는 데도 이로움이 많다. 인간의 교육도 이와 유사하다. 그것이 '아직 펼치지 않았을 때 제지하거나 금지하는 일이 예방이다.' 미연(未然)에 예방하는 금미발(禁未發)! 펼쳐지지 않았을 때, 미리 규칙을 정하여 조절하는 것이 바로 예방이고, 삶의 가치 부여이다.[203]

---

202) 『周易』"大畜"'六四': 童牛之牿, 元吉.
203) 『周易本義』"大畜": 止之於未角之時, 爲力則易. …… 學記日, 禁於未發之謂豫.

86

상처 받지 않을 불로무상不勞無傷의 공부

인간의 성장 과정에서, 소가 뿔로 인해 해를 입는 상황을 막기 위해 송아지에게 '곡(牿)'을 더하는 것처럼, 어릴 때부터 사악한 성질을 없애기 위해 행위를 제지하는 일은 정당하다. 『주역』"대축"의 네 번째 효에서 언급했듯이, "어린 소[송아지]를 외양간에 가두거나 머리에 나무를 가로 대어 함부로 움직이지 못하게 해야 좋다. 그래야 미래 전망이 밝다!"라고 했을 때, '미래 전망이 밝다', 즉 '길(吉)'이라는 것은 기뻐하거나 즐거운 일이 다가올 수 있다는 의미이다.

그러나 각자 처한 자리에서, 모든 존재들은 긴장한다. 특히, 세상의 악(惡)이 이미 횡행하고 있는 경우, 어떤 조치가 가능할까? 사회 지도층 인사들은 금지하고 제지하는데 수고를 다할 것이다. 일반 서민들은 악한 일을 저질러 형벌이나 죽음을 면치 못할 수도 있다. 이 지점이 관건이다. 악이 자라나기 전, 조금이라도 악한 싹이 발생하려거든 그 전에 빨리 저지하라! 선(善)한 상황을 지속해야 인생이 고달프지 않고, 마음에 상처를 입지도 않으며, 피해도 적게 본다. 삶의 기쁨과 즐거움, 행복이 여기에 있다.[204)]

불로무상(不勞无傷)! 인생에서 수고롭지 않고 상처받을 일 또한

---

204) 『易傳』"大畜": 天下之惡, 已盛而止之, 則上勞於禁制而下傷於刑誅. 故畜止於微小之前, 則大善而吉, 不勞而无傷. 故可喜也.

없다!

지도급 인사건, 서민이건, 이러한 삶의 근본을 깨우치고 제지하고 합리적으로 조절해 나간다면, 수고롭지 않고 상처받을 일도 없다. 그러면서도 세상의 분위기를 개혁할 수 있다. 이것이 세상을 아름답게 만들어가는 최대의 축복이다.[205]

개혁이나 혁명은 다름 아니다. 인간사회에서, 또는 삶에서, 무엇을 제지해야 하는가? 금지해야 하는가? 인생 조절을 향한 예언(豫言)일 뿐이다. 그것은 수고롭지 않고 자연스럽게, 상처받지 않게 만드는 사회 상황에서 시작된다.

---

205) 『易傳』“大畜”: 若知其本, 制之有道, 則不勞无傷而俗革, 天下之福慶也.

87

자구구실自求口實의 인생 밑천

『주역』"이(頤:䷚)"괘는 '길러주는 일'에 관한 상담이다. '길러주다'는 차원에서 보면, '교육'과 밀접한 특징을 지닌다. '길러주다'는 앞의 괘인 '대축(大畜)'을 이어 받아, 물건이 모이거나 쌓여 축적된 다음에 기를 수 있다는 의미가 부여된다. 물건이 모이거나 쌓였다면, 그것이 앞으로 더욱 뻗어 나갈 수 있도록 길러주어야 한다. 길러주는 행위가 없으면 생존하고 번식할 수 없다.

'이(頤)'는 한자 자체로 보면, '사람의 턱'을 상징하는 모습이다. 사람의 입은 음식을 먹어 몸을 기르는 데 기여한다. 이는 우주자연의 입장에서 보면, 천지(天地)가 만물(萬物)을 기르는 일이다. 그런 상황을 인간사회에 적용하면, 성인(聖人)이 현자(賢者)를 길러 모든 사람에게 영향을 미치는 일에 이른다. 인간사회에서 생명력을 기르고, 형체를 기르고, 품격을 기르고, 인간다움을 길러주는 일은 모두 삶의 도리이다. 움직이고 쉬고 절제하고 펴는 것은 생명력을 기르는 일이다. 음식과 의복은 형체를 기르는 일이다. 예의와 행동거지를 올바르게 하는 것은 품격을 기르는 일이다. 그리고 자신의 마음을 미루어 보고 그것을 남에게 미치는 것은 인간다움을 길러주는 일이다.[206] 이런 인간의 일 자체가 인간으로서 당연히 심취해야 하

206) 『易傳』"頤": 序卦, 物畜然後可養. 故受之以頤. 夫物旣畜聚, 則必有以養之,

는 공부이다.

'움직이고 쉬거나 절제하고 펴는 일', 그 생명력은 인간의 활동에서 우러나온다. 그러므로 삶에 활력을 불어 넣기 위해서는 끊임없이 움직이며 자신의 사업에 몰두해야 한다. 이는 '일하는 동물'로서 인간의 의미에 고심하고, 집념을 갖고 살아가라는 엄밀한 충고이다. '음식과 의복은 형체를 기르는 일'이라고 했을 때, 이는 물질적 상황에 관한 점검으로 이해할 수 있다. '예의와 행동거지를 올바르게 하는 것은 품격을 기르는 일'이라고 했을 때, 이는 정신적 상황에 관한 확인으로 볼 수 있다. 마지막으로 '자신의 마음을 미루어 보고 그것을 남에게 미치는 것은 인간다움을 길러주는 일'이라고 했을 때, 그것은 인간이 해야 하는 모든 것을 통해 인간으로서 자기 성찰과 자신에 대한 충실을 기약하며, 타자를 배려하고 더불어 사는 공동체를 고심하는 작업이다. 이런 인식은 기본적으로, 인생의 사업을 기초로 정신적·물질적 안정을 추구하면서 인간다움의 세계를 구상한 교육의 기획을 보여준다. 여기에서 '길러주다'의 의미가 본질적으로 부각된다.

그 대체적 의미는 '곧고 굳게' 올바로 처리하면서 스스로 구실을 찾아나서는 자구구실(自求口實)'이다.

"이(頤)는 곧고 굳게 해 나가면 좋다. 길러주고 스스로 인생의 밑천을 어떻게 찾아야 하는지 살펴보아야 한다."[207]

无養則不能存息, 頤所以次大畜也. …… 頤, 養也. 人口, 所以飮食, 養人之身. 故名爲頤. 聖人設卦, 推養之義, 大至於天地養育萬物, 聖人養賢以及萬民, 與人之養生, 養形, 養德, 養人, 皆頤養之道也. 動息節宣, 以養生也. 飮食衣服, 以養形也. 威儀行義, 以養德也. 推己及物, 以養人也.

207) 『周易』"頤": 頤, 貞吉. 觀頤, 自求口實.

정이는 『역전』에서 다음과 같이 설명을 보탠다.

"기르는 일은 올바른 방식으로 해야 괜찮다. 인간이 몸을 기르고 품격을 기르며, 내가 다른 사람을 길러주고 다른 사람이 나를 길러주는 일을 모두 올바른 방식으로 해야 괜찮다. 우주자연의 질서에 의해 세상의 모든 존재가 제대로 길러져서 제각기 자신의 특성에 따라 살아가는 일 또한 올바른 방식으로 진행했을 뿐이다. 과거에서 현재까지 어떤 방식으로 인간사회를 길러왔는가? 사람이 길러주는 양식과 스스로 삶의 밑천을 찾아나가는 길을 보면 선(善)과 악(惡), 길(吉)과 흉(凶)이 어떻게 드러나는지를 볼 수 있다."[208]

『주역본의』에서 주희의 풀이는 보다 구체적이다.

"'이(頤)'는 입 주변을 말한다. 입은 사람이 음식물을 먹고 스스로 기르는 곳이므로, 스스로 기르는 뜻이 된다. 괘의 모양䷚을 보면, 위아래의 두 양(陽: ⚊)이 안쪽에 네 음(陰: ⚋)을 포함하여 밖은 충실하고 안은 비어 있다. 위는 멈추어 있고 아래는 움직이므로, 턱의 모양이고 기르는 뜻이 된다. '관이(觀頤)'는 길러주는 일의 도리를 보는 것이고, '자구구실(自求口實)'은 자신을 기르는 일의 방법을 보는 것이다. 이 두 가지 모두 바른 길을 얻으면 좋다."[209]

---

208) 『易傳』"頤": 頤之道以正則吉也. 人之養身, 養德, 養人, 養於人, 皆以正道則吉也. 天地造化, 養育萬物, 各得其宜者, 亦正而已矣. 觀頤自求口實, 觀人之所頤, 與其自求口實之道, 則善惡吉凶可見矣.

209) 『周易本義』"頤": 頤, 口旁也. 口, 食物以自養. 故爲養義. 爲卦上下二陽, 內含四陰, 外實內虛, 上止下動, 爲頤之象, 養之義也. …… 觀頤, 謂觀其所養之道. 自求口實, 謂觀其所以養身之術. 皆得正則吉也.

88

현명함을 향한 배려, 양현만민養賢萬民

모든 존재가 그러하지만, 무언가를 기르는 일, 그것도 '바르게 기른다!'라는 것은 참으로 어려운 일이다. '바름'과 '그름'의 의미를 고민해야 하고, 판단해야 한다. 더구나 그 기준이 인지상정(人之常情)에서 우러나오는 자연스러움의 발로인지, 아니면, 인간사회를 효율적으로 다스리기 위해 인위적으로 만들어 놓은 규정인지, 어떤 것을 따라야 합리적인지, 쉽지 않은 사유와 행위의 영역이 버티고 있다.

『주역』"리(頤)"괘의 '단(彖)'에서 이런 문제에 관한 거시적인 입장을 표명한다.

> "기르는 작업이 올바르면 좋으리라. 길러주고 스스로 구실을 찾는 일을 살펴야 한다고 했을 때, 그것은 '길러주는 바'와 '스스로 기르는 일'을 관찰해야 한다."[210]

어떤 일이건, 곧고 굳게 길러 나가면, 긍정적인 효과를 얻을 수 있다. 곧고 굳게 처리했는데도 부정적인 결과를 가져왔다면, 그것은 비정상적인 방식으로 대처했기 때문이리라. 기르는 일은 길러주

---

210) 『周易』"頤": 頤貞吉, 養正則吉也. 觀頤, 觀其所養也. 自求口實, 觀其自養也."

는 사람이나 기르는 방도, 모두를 포함한다. 현대 교육적 의미에서 교사와 교육내용 및 방법이 전반적으로 반영되어야 한다는 말이다. 그것이 스스로 몸을 기르는 것을 구하는 방도, 즉 '자구구실(自求口實)'로 연결된다. 그렇다면, 교육은 일종의 '자구책(自求策)'을 마련하는 과정이다. 타자에 의존하기보다 자신이 스스로를 구하는 '자기구원(自己救援)'이 목적이다. 자기구원의 과정에서 올바르게 처신하며, 정도(正道)를 옹호해야 한다.211)

이 지점에서 다시 확인할 필요가 있다. '소양(所養)'과 '자양(自養)'! 타자에 의해 길러지느냐? 자기가 길러서 가느냐? 두 가지 모두 필요하다. 나 혼자 무턱대고 길러가는 일만이 능사(能事)는 아니다. 그렇다고 타자에게 일방적으로 기대서도 곤란하다. 그 준거가 '단(彖)'에서 이어진다.

> "우주자연의 질서에 의해 모든 존재가 길러진다면, 인간사회에서는 성인(聖人)이 현자(賢者)를 길러 모든 사람에게 영향력을 미친다. 그만큼 기르는 때가 중요하다!"212)

정이가 『역전』에서 풀이한 내용이 이해를 돕는다.

> "우주자연의 질서는 세상의 모든 존재를 양육한다. 우주의 모든 존재를 양육하는 방법은 '바른 길을 가지고 처리하는 일'일 뿐이다. 인간사회에서 성인(聖人)은 현자(賢者)와 재주 있는 사람을 길러, 그 사람에게 가장 알맞은 자리에 앉게 한다. 또 그에게 합당한 보상을 받게

---

211) 『易傳』"頤": 貞吉, 所養者正則吉也. 所養, 謂所養之人, 與養之之道. 自求口實, 謂其自求養身之道, 皆以正則吉也.

212) 『周易』"頤": 天地養萬物, 聖人, 養賢, 以及萬民. 頤之時, 大矣哉.

하여 세상에 은택을 베풀게 만든다. 이는 현자를 길러 모든 사람에게 영향을 미치게 하는 작업이다. 때문에 현자를 기르는 작업은 모든 사람을 기르는 일로 연결된다. 우주자연의 모든 존재는 그 특성에 따라 길러주어야 한다. 그렇지 않으면 제대로 생명력을 이어가지 못한다. 인간사회도 마찬가지이다. 최고의 인격자가 우주자연의 법칙을 헤아려 그 질서를 확인하고 그에 맞추어 세상 사람들을 기르고 사회를 가꾸어 가면 건전한 사회를 이룰 수 있다. 이때 우주자연의 질서와 인간사회의 법칙이 '짝'을 이룬다.[213]

---

213) 『易傳』“頤”: 天地之道, 則養育萬物. 養育萬物之道, 正而已矣. 聖人, 則養賢才, 與之共天位, 使之食天祿, 俾施澤於天下, 養賢以及萬民也. 養賢, 所以養萬民也. 夫天地之中, 品物之衆, 非養則不生. 聖人, 裁成天地之道, 輔相天地之宜, 以養天下, 至於鳥獸草木, 皆有養之之政, 其道配天地.

89

언어와 음식을 마주하는 신어절음愼語節飮

다시, '기르는 작업'의 요점이 적시된다. 그것은 『주역』"이(頤)"괘의 모습을 상징하는 대목에서이다.

> "산(山:☶) 아래에 우레(雷:☳)가 있는 것이 이(頤)괘의 모습이다. 교육받은 인격자가 이런 상황을 보고, 언어를 삼가며 음식을 절제한다."[214]

'언어'와 '음식'! 두 가지가 지목되었다. 크게 대별되는 이 영역은 '정신'과 '물질'이다. 언어는 정신 영역에서 길러주는 도구이고 음식은 물질 영역에서 길러주는 수단이다.

주희는 『주역본의』에서 간략하게 정돈한다.

> "언어와 음식, 이 두 가지는 인격을 기르고 신체를 기르는 일이 가장 우선된다는 의미이다!"[215]

정이의 해설은 기르는 작업의 기초가 무엇인지 자세하게 인도한다.

---

214) 『周易』"頤"'象': 山下有雷, 頤. 君子以, 愼言語, 節飮食.
215) 『周易本義』"頤": 二者, 養德養身之切務.

“괘의 모습을 보면, 아래 괘에 우레가 있고, 우레가 산 아래에서 진동함에 산에서 자라는 물건이 모두 뿌리가 움직이고 싹이 돋아나와 길러주는 형상이 된다. 위아래 괘의 뜻으로 말하면, 위의 괘는 멈추고 아래 괘는 움직이는 형국이다. 위는 멈추고 아래가 움직이는 것은 사람의 입을 만들어 내는 턱을 나타낸다. 괘의 형체[䷚]로 말하면, 위아래의 두 양(陽:⚊)이 가운데 네 음(陰:⚋)을 포함하고 있다. 밖은 막혀 있고 안이 비었는데, 이는 턱과 입이 제 역할을 하여, 몸을 기르는 데 기여한다. 그러므로 교육받은 인격자가 이런 형상을 보고, 인간을 기른다. 언어를 삼가며 인격을 기르고, 음식을 절제하여 육체를 기르는 것이다. 왜 ‘언어’와 ‘음식’인가? 입안으로 들어오는 것 가운데 가장 중요한 것은 언어와 음식이다. 언어는 개인에게는 단순한 말이 되겠지만, 세상 사람들에게는 모든 명령과 정치와 교육이 펼치지는 정신적 자산이다. 때문에 입에서 나오는 언어를 삼가면 반드시 실수가 없다. 음식은 개인에게서는 영양을 보충하는 것에 불과하지만, 세상 사람들에게서는 모든 재화와 재물의 쓰임으로 사람을 길러주는 물질적 자산이다. 때문에 입으로 들어가는 음식을 절제하면 해를 입지 않는다. 기르는 방식이나 법칙으로 고민해 보면, 개인의 인격을 기르거나 인간사회의 도리를 기르는데도 그렇지 않음이 없다.[216]

216) 『易傳』“頤”: 以二體言之, 山下有雷, 雷震於山下, 山之生物, 皆動其根荄, 發其萌芽, 爲養之象. 以上下之義言之, 艮止而震動, 上止不動, 頤頷之象. 以卦形言之, 上下二陽, 中含四陰, 外實中虛, 頤口之象. 口, 所以養身也. 故君子觀其象, 以養其身, 愼言語以養其德, 節飮食以養其體. 不唯就口取養義. 事之至近而所係至大者, 莫過於言語飮食也. 在身爲言語, 於天下則凡命令政教出於身者, 皆是, 愼之則必當而无失. 在身爲飮食, 於天下則凡貨資財用養於人者, 皆是. 節之則適宜而无傷. 推養之道, 養德, 養天下, 莫不然.

90

위기 상황에서 척려불망惕厲不忘하는 대응

인간을 양성하는 일, 그 교육은 어떤 차원에서 정당한가? 개인 한 몸의 성취여야 할까? 인간사회 전체의 성공이어야 할까? 한 개인의 성취가 사회의 성공으로 이어져야 하는 걸까? 그 어떤 사안을 대입해도 해답이 시원하지 않다. 인간을 기르는 대사업이, 개인 한 몸의 성취로 끝나버린다면, 개인주의 차원에 매몰되어 사회를 돌아보기 힘들고, 사회의 성공으로 끝나버린다면, 공동체주의 차원에 휩쓸려 개인이 희생되기 쉽다. 자발적으로, 개인의 성취와 사회의 성공이 동시에 만날 수는 없는가?

『주역』“이(頤)”괘의 5효와 6효에서 그 양식을 엿볼 수 있다.

> “기준에 어긋나지만 올바른 자세를 견지하면 괜찮다. 그러나 험한 곳을 건너가려고 해서는 안 된다.”[217] “현자에게 순종하여 세상을 바르게 하는 데 동참하라!”[218]

이 지점에서 지도급 인사가 인간을 양성하는 데 어떻게 개입해야 하는지, 그 역할이 드러난다. 5효는 사람을 길러야 하는 때를 만

217) 『周易』“頤”: 六五, 拂經, 居貞, 吉. 不可涉大川.
218) 『易傳』“頤”: 堅固順從於上九之賢, 以養天下也.

나 지도자의 자리에 앉아 있다. 그런 만큼, 지도자로서 세상 사람들을 길러내는 역할을 해야 한다. 그러나 자질이 부족하여 세상 사람들을 기를 수 없다. 어찌할 것인가? 위[6효]에 자질을 충분히 갖춘 현명한 지도자가 있다. 그에게 순종하여 자기를 길러야 한다. 그렇게 역량을 갖춘 후에 사람들을 기르고 세상을 구제한다.

지도자는 사람을 길러주어야 임무를 맡은 존재이다. 그런데 자질이 부족하여 다른 사람에게 자신을 길러주기를 의뢰하였다. 이는 일반적인 기준에 위배되는 행위이다. 자신이 부족하기에 훌륭한 사부(師傅)에게 순종한다. 윗자리는 사부의 자리이다. 마음을 바르게 먹고 잘 지켜서 진정으로 위임하고 신임해서 배워야 한다. 그렇게 자질을 갖췄을 때, 세상에 은택이 미친다.

하지만 문제가 없는 것은 아니다. 유의할 사항이 깊게 도사리고 있다. 자질이 부족한 지도자가 현자(賢者)에게 의뢰했지만, 이는 평상시에나 따를 수 있을 방식이다. 어렵고 험한 시기, 변고가 있을 때는 의뢰한다고 될 사안이 아니다. 때문에 어렵고 험한 시기에는 굳세고 현명한 지도자가 아니면 믿을 수 없다.[219)]

그렇다면, 어려운 때를 당한 상황에서, 현명한 지도자는 어떻게 처신할까? 맨 위에 있는 6효가 자신의 역할을 떠맡는다. 6효는 굳센 기운을 품은 인격으로 사부(師傅)의 임무를 담당한다. 앞에서 언급했듯이, 아래에 있는 5효는 지도자로서 자질이 조금 부족하여 사

219) 『易傳』“頤”: 六五, 頤之時, 居君位, 養天下者也. 然其陰柔之質, 才不足以養天下, 上有剛陽之賢. 故順從之, 賴其養己以濟天下. 君者, 養人者也, 反賴人之養, 是違拂於經常. 旣以己之不足而順從於賢師 傅, 上, 師傅之位也. 必居守貞固, 篤於委信, 則能輔翼其身, 澤及天下. 陰柔之質, 无貞剛之性. 故戒以能居貞則吉. 以陰柔之才, 雖倚賴剛賢, 能持循於平時, 不可處艱難變故之際, 故云, 不可涉大川也.

람들을 기르기에 역부족이다. 임무를 감당하기에는 한계가 있다. 위험스런 수준이다. 그러나 6효에게 자신의 역량을 길러달라고 부탁한다. 이는 세상을 다스리는 임무를 담당한 책임자로서 자신의 역량 부족에 따른 위태로움을 느끼고 있기 때문에, 그렇게 선택할 수밖에 없는, 또 다른 차원의 책무성이다. 항상, 위태로운 마음을 품고 있을 때, 오류와 허물이 적다. 어려움을 헤쳐 나갈 수 있는 계기가 마련된다.

지도자로서 자질이 부족하다면, 현명한 지도자를 찾아 자신을 맡겨라! 그리고 조금씩 자질을 함양해 가면서 세상을 건전하게 만들어 가라. 재주와 힘을 다해 세상의 어려움과 위태로움을 구제하고 평안을 이루도록 열정을 보여라. 지도자가, 스스로 처리하지 못하고, 누군가에게 신임을 얻어 임무를 수행한다는 것, 어쩌면 그것은 세상에서 가장 무거운 일이리라. 지도자로서 세상의 어려움과 위태로움을 구제하지 못한다면, 자신의 역량 강화를 위해 어떻게 하겠는가? 자신을 맡길 수 있는가? 온갖 방법을 동원하여 정성을 다하고 힘을 다할 뿐, 개인적으로 몸을 돌보아서야 되겠는가! 지도자의 책무가 그만큼 두려워하고 위태롭게 여겨야 하는 일임을 잊어서는 안 된다.[220]

다시 말하면, 최고지도자[5효]는 명예직에 있거나 고문 역할을 하는 경험 많은 존재[6효]에게 자신의 부족한 자질을 길러줄 것을 의뢰한다. 그리고 역량을 강화하여 사람을 기른다. 이는 어쩌면 사

---

220) 『易傳』“頤”: 上九, 以剛陽之德, 居師傅之任, 六五之君, 柔順而從於己, 賴己之義, 是當天下之任, 天下由之以養也. 以人臣而當是任, 必常懷危厲則吉也. …… 夫以君之才不足, 以倚賴於己, 身當天下大任, 宣竭其才力, 濟天下之艱危, 成天下之治安. 故曰利涉大川. 得君如此之專, 受任如此之重, 苟不濟天下艱危, 何足稱委過而謂之賢乎. 當盡誠竭力而不顧慮, 然惕厲則不可忘也.

람들이 6효로 말미암아 간접적으로 길러지는, 고차원의 교육법이다. 지도자는 지위가 높고 임무가 무겁다. 때문에 위태로운 일을 당했을 때 신중하게 고려하면, 위기를 모면할 수 있다.[221] 인간을 기른다는 것은, 바로 지도자가 자질이 부족할 때조차도 자신을 말겨서 역량을 확보하는, 그런 엄중한 작업이다. 인간 양육이 '그저 가르치자!'라는 선언과 추동에 그쳐서는 곤란하리라.

221) 『周易本義』"頤": 六五, 賴上九之養, 以養人, 是物由上九以養也. 位高任重, 故厲而吉. 陽剛在上, 故利涉川.

91

홀로 서는 용기를 불어넣는 독립불구獨立不懼

'독립'이라는 말은 강렬하면서도 긍정적인 이미지를 상징하는 언표이다. '의존'이라는 상대어에 비추어 보며 더욱 그러하다. 비실비실거리기보다는 꼿꼿함으로 자기를 내세운다. 홀로 서기!

『주역』"대과(大過:䷛)"괘의 '상(象)'에 짤막하면서도 의미심장한 인생관이 기록되어 있다.

> "연못이 나무를 없애는 것이 '대과(大過)'괘의 모습이다. 교육받은 인격자가 이를 보고, 홀로 서 있어도 두려워하지 않으며, 세상을 피하여 은둔하여도 근심하지 않는다."222)

'대과(大過)'는 '큰 것이 지나친 것'과 '지나침이 큰 것', 그리고 '큰 일이 지나침'을 상징한다. 인간 세계로 말하면, 인격을 제대로 갖춘 성현(聖賢)의 경우, 그 도덕성이나 공적이 일반인에 비해 크게 뛰어나다. 어쩌면 모든 일에서 보통 사람을 능가한다. 그러나 성현은 인간의 도리를 합당하게 제대로 처리하기 때문에 그 이치를 거스르거나 지나치지 않는다. 일을 할 때도 세상의 바른 이치로 임한다. 질못을 바로 잡는 경우에는 지나치다고 생각할 때도 있다. 예컨

222) 『周易』"大過"'象': 澤滅木, 大過. 君子以, 獨立不懼, 遯世无悶."

대, 일상에서 행실에 공손함이 지나치고, 상(喪)을 당했을 때 슬픔이 지나치며, 검소함이 지나치다. 왜냐하면 '바로잡는 일'의 경우, 조금 지나치게 해야 '올바른 도리'에 미칠 수 있다고 생각하기 때문이다.

'대과(大過)'는 일상의 일 가운데 큰 것일 뿐, 이치 자체에 지나침이 있는 것은 아니다. 크기 때문에 항상 볼 수가 없다. 늘 보는 것에 비해 크다. 세상 사람들이 항상 보지 못하는 일이기 때문에, 보통보다 크게 지나치다고 한 것이다.[223]

이런 점에서 '대과(大過)'! 즉 '크게 지나치다'라는 말은 지나침이 아니라, 오히려, 합당하고, 합리적이며, 도리에 맞는 중용(中庸)의 상황을 의미한다. 이 중용의 일상성이 보통 사람을 기준으로 보니 크게 지나친 것이다. 정상적인 것이 비정상적인 것에서 볼 때 지나치게 느껴지는 것과 같은 논리이다.

교양을 갖춘 인격자는 늘 그러하다. 보통 사람에 비해 크게 뛰어난 행실을 실천한다. 인격을 갖춘, 품격 높은 사람이 보통 사람보다 크게 뛰어난 까닭은 홀로 서서 두려워하지 않고 세상을 피하여 은둔하여도 근심함이 없기 때문이다. 세상 모든 사람이 비난하여도 돌아보지 않음은 홀로 서서 두려워하지 않는 것이다. 온 세상이 인정해 주지 않아도 후회하지 않음은 세상을 피하여 은둔하여도 근심함이 없는 것이다. 이와 같이 한 다음에, 스스로 지킬 수

---

223) 『易傳』"大過": 爲大者過, 過之大, 與大事過也. 聖賢, 道德功業, 大過於人. 凡事之大過於常者, 皆是也. 夫聖人, 盡人道, 非過於理也. 其制事以天下之正理, 矯失之用, 小過於中者則有之. 如行過乎恭, 喪過乎哀, 用過乎儉, 是也. 蓋矯之小過而後, 能及於中, 乃求中之用也. 所謂大過者, 常事之大者耳, 非有過於理也. 唯其大. 故不常見, 以其比常所見者大. 故謂之大過. …… 以世人所不常見. 故謂之大過於常也.

있다. 때문에 보통 사람보다 크게 뛰어남, 지나침이 되는 것이다.[224)]

---

224) 『易傳』"大過": 君子觀大過之象, 以立其大過人之行, 君子所以大過人者, 以其能獨立不懼, 遯世无悶也. 天下非之而不顧, 獨立不懼也. 擧世不見知而不悔, 遯世无悶也. 如此然後能自守, 所以爲大過人也.

92

기쁨과 화합의 열순상화說順常和의 실천

세상에 기뻐할 수 있는 일상이 얼마나 있을까? 그것은 교육을 통해, 또는 학습을 통해, 터득할 수 있는 사안일까?

『주역』"대과(大過)"괘의 2효에 재미난 표현이 있다.

"마른 버드나무에 뿌리가 생긴다. 늙은 남자가 젊은 여인을 얻었다. 참으로 괜찮은 모습이다."[225]

죽어가는 버드나무에 생명력이 부여되었다면, 지나치게 마르긴 했으나 끝까지 말라비틀어지지는 않았다는 의미이다. 나이 많은 늙은 남자에게 나이 어린 젊은 여자가 시집을 갔다면, 이 또한 자손의 번창을 통해 생명력이 부여되었다는 뜻이다. 한 마디로 말하면, 생명력이 부여되었을 때, 기쁨과 즐거움이 요동친다.

그래서 '상(象)'은 다음과 같이 격정적으로 기록하였다.

"늙은 남자와 젊은 여인이 지나치게 서로 어울린다."[226]

---

225) 『周易』"大過"'九二': 枯楊, 生稊. 老夫得其女妻. 无不利.
226) 『周易』"大過"'九二':象日, 老夫女妻, 過以相與也.

늙은 남자와 젊은 여인이 서로 좋아하고 기뻐하는 일, 젊은 여인이 늙은 남자에게 순종하는 일, 이는 일방적으로 굴종하게 만드는 일이 아니라 서로 어울리는 모습이다. 물론, 보통 사람의 분수에 비해 지나칠 수 있다. 하지만, 그 기쁨 속에는 생명력이 부과되어 있어, 삶의 활력으로 작용한다.[227] 생명력! 이것이야말로 일상의 균형과 평온을 인도하는 합리성이다.

---

227) 『易傳』"大過": 老夫之說少女, 少女之順老夫, 其相與過於常分, 謂九二初六陰陽相與之和, 過於常也.

93

위태로운 시기의 수류불영水流不盈

어떤 사람은 말한다. 인간사회는 언제나 험한 세상이었다고. 그러기에 험한 세상에 다리가 되어 극복을 기약하고, 평안과 안식을 기원하며 평화를 그려왔으리라. 『주역』의 “감(坎: ䷜)”괘는 험한 경지가 어떠한지, 삶을 대처하는 양상과 교육적 지혜에 관한 시사점을 던진다.

‘단(彖)’에는 다음과 같이 기록하고 있다.

“감괘는 거듭 험한 경지를 상징한다. 물이 흘러가지만 가득차지 않고 험한 곳에 처해 있지만 신의를 잃지 않는다. 마음이 탁 트여 뻗어나가는 것은 굳센 정신을 가지고 있으면서도 알맞게 대처하기 때문이다. ‘나아가면 가상함이 있다’라는 것은 ‘가면 공덕이 있다’라는 말이다. 하늘의 험한 상황은 그것에 오를 수 없음을 상징한다. 땅이 험한 상황은 산이나 강, 또는 언덕에서 볼 수 있다. 지도자들은 험한 상황을 설정하여 나라를 지켰다. 이런 점에서 험한 때와 그 쓰임이 아주 중요하다.”[228)]

---

228) 『周易』“坎”‘彖’: 習坎, 重險也. 水流而不盈, 行險而不失其信. 維心亨, 乃以剛中也. 行有尙, 往有功也. 天險, 不可升也. 地險, 山川丘陵也. 王公, 設險, 以守其國, 險之時用, 大矣哉.

인간에게 험한 경지는 무엇일까? 구덩이처럼 푹 파인 삶의 상황은 어떤 것일까? 물이 흘러가는 것처럼, 험한 경지는 인생의 전 영역에서 움직이고 있다. 그것은 인생이 결코 험한 경지를 벗어나지 못한다는 의미이다. 중요한 것은, 험한 가운데 처해 있더라도 신뢰를 잃지 않는 정신이다. 그런 만큼 "내면이 진실하고 행실에 떳떳함이 있어야 한다!"[229]

험한 경지에 처하는 양상도 다양하다. 높아서 올라갈 수 없는 것은 하늘의 험함이다. 산과 강, 그리고 언덕과 같은 것은 땅의 험함이다. 옛날 지도자들은 깨달았다. 험한 경지의 형상을 보았다면, 결코 그것을 함부로 무시할 수 없다! 그러므로 성곽을 쌓고 주위에 물길을 파서 험한 것을 설치하여 나라를 지키고 사람들을 보호하였다. 이는 험함을 쓸 때 그 쓰임이 아주 중요하다. 산이나 강, 성곽과 그 주변의 물길은 험한 상황을 설정하는데 아주 중요한 단서이다. 높고 낮음, 귀하고 천함의 구분으로 등급과 위계를 밝히고, 사물의 특성을 달리하여 모든 무시와 참람함을 막고, 위아래의 경계를 막는 것은 모두 험한 일을 몸소 실천한 실례이다.[230]

---

229) 『周易本義』"坎": 內實而行有常也.

230) 『易傳』"坎": 高不可升者, 天之險也. 山川丘陵, 地之險也. 王公君人者, 觀坎之象, 知險之不可陵也. 故設爲城郭溝池之險, 以守其國,하고 保其民人, 是有用險之時, 其用甚大. …… 山河城池, 設險之大端也. 若夫尊卑之辨, 貴賤之分, 明等威, 異物采, 凡所以杜絕陵僭, 限隔上下者, 皆體險之用也.

94

가르침의 중심으로서 덕행교사德行教事

인간의 삶에는 다양한 형태의 험한 상황이 중첩되어 있다. 험지(險地)의 연속체이다. 그 난국(亂局)을 타개(打開)하는 원리는 의외로 간단하다. 덕행(德行)과 교사(教事)! '덕행'은 인간으로서 품격을 높여 나가는 인격함양의 길이고, '교사'는 교육을 사업으로 인생을 추동하는 작업이다.

『주역』"감(坎)"괘의 '상(象)'에 그 모습이 구체적으로 적시되어 있다.

> "물이 거듭 이르는 것이 감괘의 모습이다. 인격을 제대로 갖춘 지도자가 그것을 보고서 언제나 덕행(德行)을 구현하고 가르치는 일을 실천해 나간다."[231]

물은 낮은 곳으로, 예컨대, 푹 파인 구덩이가 있다면, 그쪽으로 흘러 들어간다. 그래서 감(坎)은 물이 된다. 물이 계속 흐르고 거듭 모여 구덩이에 이른다. 애당초 물은 한 방울에서 시작하여 열길 물처럼 깊고 두텁게 쌓인다. 강과 바다로 흘러들어 가면서, 차근차근 거듭거듭 모인다. 한 번에 갑작스럽게 모이지는 않는다. 땅의 형세

231) 『周易』"坎"'象': 水洊至習坎, 君子以, 常德行, 習教事.

에 따라 아래로 내려가는 것을 보면 믿음직스럽게 항상 그렇게 흘러간다. 지도자는 이런 모습을 관찰하여 항상 그러함이 있음을 취하였다. 인간사회에서도 덕행(德行)을 구현하여 오래도록 나아가려고 한다. 사람의 덕행이 늘 그렇게 오래 지속되지 않으면 거짓이 될 수 있다. 그러므로 물이 흘러가는 것처럼 늘 그렇게 하는 믿음이 있어야 한다. 거듭하여 서로 받는 형상을 모델로 하면, 가르치는 일을 실천하여 더욱 익숙하게 나아간다. 그것은 정치를 펼치고 교육을 실천하는 바탕이다. 사람들이 잘 듣고 익숙해져서 따르게 할 수 있다. 그러므로 세 번 명령하고 다섯 번 거듭하며 사람들을 교화한다. 갑자기 말을 하여 깨닫지 못했는데도, 단번에 따르기를 강요한다면, 아무리 형벌을 엄격하게 시행하여 사람들을 이끌고 가려고 하더라도, 제대로 할 수 없다. 때문에 물이 흘러가는 것처럼 차근차근 거듭거듭 해야 한다.[232)]

"자신의 삶을 조절하고 사람을 다스리는 일은, 반드시 거듭하여 익힌 다음에야 익숙하여 편안하게 된다."[233)]

---

232) 『易傳』"坎": 坎爲水, 水流仍洊而至, 兩坎相習, 水流仍洊之象也. 水自涓滴, 至於尋丈, 至於江海, 洊習而不驟者也. 其因勢就下, 信而有常. 故君子觀坎水之象, 取其有常, 則常久其德行, 人之德行, 不常則僞也. 故當如水之有常. 取其洊習相受, 則以習熟其敎令之事. 夫發政行敎, 必使民熟於聞聽然後能從. 故三令五申之, 若驟告未喩, 遽責其從, 雖嚴刑以驅之, 不能也. 故當如水之洊習.

233) 『周易本義』"坎": 治己治人, 皆必重習然後, 熟而安之.

95

납약자유納約自牖의 소박함과 간략함

인간사회의 각종 험지를 극복하는 방법은 다양하다. 어떤 사람은 '권력'이나 '지위(地位)'를 이용하고, 어떤 사람은 '금전(金錢)'을 이용하며, 어떤 사람은 '지식(知識)'을 이용한다. 이 모든 방법은, 한마디로 말하면, 그 사람이 지닌 '능력'이자 '힘'이다. 물론, 이용하는 차원에 따라, 그 능력은 긍정적 효과를 낼 수도 있고 부정적 결과를 낳을 수도 있다.

『주역』"감"괘의 4효에 험한 경지에 처했을 때, 그것을 극복하기 위한 방법의 대원칙이 엿보인다.

> "술 단지에 담겨 있는 술과 그릇 두 개를 질그릇으로 사용한다. 맺은 도리를 받아들이되 소통을 하면 끝내는 허물이 없다."[234]

정이가 설명한, 조금 긴 풀이를 요약해 본다. 네 번째 효는 음(陰: --)이자 부드러움을 간직하고 있어 아래에 돕는 사람이 없다. 세상이 험한 지경에 이르렀지만, 그것을 구제할 수 있는 자도 아니다. 그러나 높은 자리에 있기 때문에, 고위급 관리가 되어 험한 지경에 대처하는 도리가 무엇인지를 말하였다.

---

234) 『周易』"坎"'六四': 樽酒, 簋貳, 用缶, 納約自牖, 終无咎.

고위급 관리가 험난한 때를 당했는데, 정성을 다하여 지도자를 모시다 보니 신임을 받았다. 교분이 두텁고 견고한 만큼 서로 이간질 할 수 없다. 또 지도자의 마음을 열어 밝게 하면, 오류나 허물이 없이 함께 할 수 있다. 윗사람이 자신을 돈독하게 신임하기를 바란다면, 있는 그대로 소박하게 실질적으로 대할 뿐이다. 의식이 많고 꾸밈을 숭상해서는 곤란하다. 잔치를 할 때도 술 단지 하나와 두 그릇의 밥을 사용하되, 그것을 질그릇에 담았다면, 아주 소박하다고 볼 수 있다.

고위급 관리가 지도자에게 나아가 맺는 도리는 밝게 소통하며 받아 들여야 한다. 예를 들어, 방이 어둡기 때문에 창문을 설치하여 밝은 빛을 받아들이는 것과 같다. 옛날에 고위 관리가 충실과 믿음으로 임금에게 도리를 다하겠다고 마음을 맺으려 한다면, 반드시 임금이 밝게 아는 곳으로 나아가서 소통해야 한다. 사람의 마음은 가려진 것이 있고 통하는 것이 있다. 가려진 것은 어두운 곳이고, 통하는 것은 밝게 아는 곳이다. 때문에 밝게 아는 곳에 나아가 아뢰고 신임을 구하면 쉽게 처리할 수 있다. '납약자유(納約自牖)'는 그런 상황의 비유이다. 이와 같이 하면, 어렵고 험한 때일지라도 종국적으로는 잘못을 없앨 수 있다. 지도자의 마음이 향락에 빠진 경우, 그 마음에 가려졌기 때문이다. 향락의 폐해를 강력하게 비판하더라도 지도자가 살펴보지 않는데 어쩌겠는가! 반드시 가려지지 않은 일에 비추어 보아 그런 일을 언급하면, 그 마음을 깨우칠 수 있다.

옛날부터 지도자인 군주에게 충고하는 관리는 지도자가 밝게 아는 것을 근거로 하였다. 그러므로 잘못을 바로 지적할 때, 강경한 지도자는 대부분 말을 듣지 않았고, 온후하고 밝게 대하는 지도자는 그 말을 받아들이는 경우가 많았다. 지도자에게 올바른 일을 알리며 충고할 때 이와 같이 할 뿐만이 아니고, 사람을 가르칠 때도 이와 같이 한다.

가르침은 반드시 그 사람이 잘하는 사안을 바탕으로 나아가야 한다. 잘하는 것은 마음을 밝게 아는 일이다. 그 마음에 밝게 아는 것을 따라 들어간 다음에 그것에 비추어 보아 나머지 사안에도 영향을 미칠 수 있다.

96

상호의존의 산실로서 만물개리萬物皆麗

'인간(人間)'과 '사회(社會)'를 거론하다 보면, 근원적으로 엮이고 사귀고 있는 '교착(交錯)' 상태를 확인할 수 있다. 그것은 '인간'의 '간(間: 사이)'과 '사회'의 '회(會: 모임)'라는 특성에서 바로 이해된다. 사람과 사람 사이, 그리고 공동체를 이루는 모임들로 섞여 있는 것이다. 이는 필연적으로 상호의존의 관계를 드러낸다. 사람을 비롯한 모든 존재는 서로가 서로에게 '걸려있다'!

『주역』"리(離:☲)"괘가 그것을 증명한다. 리(離)는 존재와 존재가 서로 '붙음'이다. 인간사회의 속성은 험난한 가운데 빠졌을 때, 서로 의지하며 달라붙으려고 한다. 이는 자연스런 인간사회의 이치이다.[235)]

모든 존재는 서로 달라붙어 있다. 붙어 있는 형태만 다를 뿐, 그렇지 않은 것이 없다. 형체가 있으면 붙음이 있다. 사람에게서는 직접 달라붙는 사람과 그가 실천하는 길, 주장하는 일이 붙는 양식이 된다. 이때 사람이 달라붙는 것은 올바르게 행해져야 괜찮다. 그만큼 올바름을 얻으면 순조롭게 나아갈 수 있다. 이미 올바른 일을 하고 있는데, 또 달라붙었다면 반드시 올바른 도리에 순종해야 한다. 사람은 암소처럼 순한 덕성을 길러야 그렇게 된다. 이미 올바른 일

---

235) 『周易』"離": 離者, 麗也. 陷於險難之中, 則必有所附麗, 理自然也.

을 하고 있는데, 또 달라붙었다면, 순한 덕성을 기르고 익혀야 한다.[236]

"물건이 달라붙는 것은 올바름을 얻을 때 소중하게 여겨진다."[237]

---

236) 『易傳』"離": 萬物, 莫不皆有所麗, 有形則有麗矣. 在人則爲所親附之人, 所由之道, 所主之事, 皆其所麗也. 人之所麗, 利於貞正, 得其正則可以亨通. 故曰, 離利貞亨. …… 人之順德, 由養以成, 既麗於正, 當養習以成其順德也.

237) 『周易本義』"離": 物之所麗, 貴乎得正.

97

문명을 이루어나가는 화성천하化成天下의 양식

인간사회를 비롯한 모든 존재가 서로 의존하고 붙어 있다면, 그 목적은 무엇일까? 단순히, 그저, 좋아서인가? 아니면, 특별한 목표나 목적, 또는 궁극적 지향이 있는 걸까? 세상에 목적 없는 존재가 있을까? 살아 있다는 것 자체가, 무목적의 자연이겠지만, 그 자연성이 목적 자체는 아닐까?

『주역』"리"괘의 '단(彖)'에는 서로 의존하는 것, 달라붙어 있는 것들이 무엇을 지향하는지, 그 목적의식에 관한 대강을 넌지시 일러준다.

> "리(離)는 붙음이다. 해와 달은 하늘에 붙어 있다. 온갖 곡식과 풀과 나무는 땅에 붙어 있다. 거듭 밝음으로 올바름에 붙어 세상을 교화하여 이룬다."238)

무엇이 어떻게 달라붙어, 다시 무엇을 지향하는가? 우주자연을 유기체로 볼 때, 그것은 달라붙어 있다는 존재의 상징이다. 때문에 인간사회의 상호의존성을 검토하기 위해, 우주자연의 질서나 이치

238) 『周易』"離": 離, 麗也. 日月, 麗乎天. 百穀草木, 麗乎土. 重明, 以麗乎正, 乃化成天下.

를 참고하여, 인간사회를 돌아볼 필요가 있다. 우주자연의 질서에서 보면, 해와 달은 하늘에 붙어 있다. 곡식과 각종 초목과 짐승, 산과 강은 땅에 붙어 있다. 이처럼 모든 존재는 제각기 붙어 있는 곳이 있다. 하늘과 땅 가운데 붙어 있지 않은 사물은 없다. 이런 차원에서 사람 관계에서 무엇이 어떻게 붙어있고 걸려 있는지 살펴야 한다. 붙어 있는 존재들이 올바르게 자리하면 소통하는 가운데 밝은 전망을 예견할 수 있다.[239]

옛날에는 임금과 신하, 윗사람과 아랫사람이 모두 밝은 덕성을 갖추고, 자기 자리에서 바르게 처신할 경우, 세상을 교화하여 문명시회를 이룰 수 있다[240]고 보았다.

---

239) 『易傳』“離”: 日月則麗於天. 百穀草木則麗於土. 萬物, 莫不各有所麗, 天地之中, 无无麗之物. 在人, 當審其所麗, 麗得其正則能亨也.
240) 『易傳』“離”: 君臣上下, 皆有明德而處中正, 可以化天下, 成文明之俗也.

98

진실함이 주는 교훈, 불신망동不愼妄動

인간의 행위는 가지가지다. 다양하고 복잡하다. 동서고금을 막론하고, 긍정적 차원의 언행은 권장되고, 부정적 차원의 언행은 금기시한다. 윤리 도덕의 차원이 그렇게 이끌어 간다. 아니, 규제하고 강제한다. 철학적으로 제시하건, 종교적 신념에 의하건, 교육적 실천을 요청하건, 그 어떤 측면에서건, 인간의 행위를 다루고 있다면, 그러하다.

『주역』"리(離)"괘의 첫 번째 효, 첫 발자국을 떼는 순간, 그에 관한 경계가 의미심장하게 들려온다.

> "초구(初九: ━)는 발자국이 이리저리 엇걸려 뒤섞이는 상태이다. 그런 가운데도 공경하게 처신하면 허물은 없으리라!"[241]

인간이 동물(動物)이어서 그러한가? '움직이고 있다!'라는 사실 자체가 문제를 일으키는 원초적 특성이다. 움직이지 않고 있다면, 그만큼 문제의 소지가 줄어든다. 어쩌면 문제가 발생하고 있다는 것은 생명력의 약동이 진행되고 있다는 증거이기도 하다. 문제가 발생하고 그것을 해소하는 생명 약동의 지속이 삶이기 때문이다.

---

241) 『周易』"離": 初九, 履錯然, 敬之, 无咎.

『역전』에서 풀이한 정이의 견해가 의미를 구체화 한다. 첫 번째 효[⚊]는 그 특성이 진정으로 움직이기를 좋아하면서 아래쪽에 자리하고 있다. 아래쪽에 자리하고서는 나아가고자 하고, 불타오르듯이 하면서 위쪽으로 달라붙으려고 한다. 그러다 보니 조급하게 움직이는 듯이 보이고, 발자국이 뒤엉켜 비틀거린다. 조급하게 나아가려고 움직이는 만큼 이리저리 엇갈려 뒤섞인다. 아직 나아가지 않았지만, 그 자취가 이미 움직였다. 움직이면 아래에 자리하고 있는 자기 분수를 잃는다. 그것이 오류를 낳는다. 잘못으로 이끌어 허물이 된다. 그러나 자신의 본분이나 도리를 알고 공경한 자세로 진실하게 다가간다면 허물에 이르지 않는다. 그 뜻이 이미 움직였는데 공경하고 삼가지 않는다면, 아무런 분별없이 망령되이 행동하는 꼴이 된다. 이 지점이 인간이 갖는 한계상황이다![242]

불신망동(不愼妄動)! - 삼가지 않으면 망령되이 움직인다! 진실한 자세로 접근하라!

오류를 줄이기 위한 방침은 간단하다. 공경하고 삼가기! 진실하게 접근하기! '경신(敬愼)'의 생활태도이다. 첫 발자국이 이리저리 엇갈려 뒤섞여 움직일 때, 공경하고 삼갈 줄을 알아야 한다. 그래야 함부로 나아가지 않는다. 과오를 피하고 면하려는 열정이 여기에서 싹튼다.[243]

---

242) 『易傳』"離": 陽固好動, 又居下而離體. 陽居下則欲進, 離性炎上, 志在上麗, 幾於躁動, 其履錯然, 謂交錯也. 雖未進而跡已動矣. 動則失居下之分而有咎也. 然其剛明之才, 若知其義而敬慎之,則不至於咎矣. 初, 在下, 无位者也. 明其身之進退, 乃所麗之道也. 其志旣動, 不能敬愼則妄動, 是不明所麗, 乃有咎也.

243) 『易傳』"離": 履錯然欲動而知敬愼不敢進, 所以求辟免過咎也. 居明而剛, 故知而能辟, 不剛明則妄動矣.

99

평안과 안정에 처하는 안상처순安常處順

해는 중천(中天)을 지나면서 서서히 진다. 달은 보름을 지나면서 서서히 기운다. 『천자문(千字文)』에서 일러주듯이, '일월영측(日月盈昃)'이다. 인간의 시선으로 파악한 우주자연의 현상이 이러하듯이, 인간사회의 여러 가지 일도 이런 논리에 부합하는 경우가 대부분이다. 인간사회가 벌여놓은 일에는 시작과 마침이 있고, 때의 혁신과 바뀜이 있다![244] 하지만 인간은 그 속에 살고 있으면서도 그런 체계를 이해하지 못하고 자신의 사유대로 논리를 파괴한다.

다시 강조하면, 인간사회의 이치는 무성하게 채워지면 반드시 쇠약해져서 비게 된다. 시작하면 반드시 종말이 있다. 그것이 정상적인 이치이다. 떳떳한 길이다. 이런 이치를 통달한 사람은 이치에 순종하며 즐긴다. 일상의 희로애락을 담담하게 받아들이며 노래하고 즐기는 것이다. 이와 같이 하지 못하면, 슬픔과 근심이 밀려온다. 그 끝은 재앙을 불러올 수도 있다. 특히, 일을 마칠 무렵에 인간사회의 이치를 통달해야 한다. 그것이 즐거움에 머물게 하는 원동력이다. 이치에 통달하지 못한 자는 늘 슬픔과 근심이 밀려올까 두려워한다. 인간의 삶과 죽음에 대처하는 방식이 그러하다.[245]

---

244) 『易傳』"離": 人之始, 時之革易也.
245) 『易傳』"離": 以理言之, 盛必有衰, 始必有終, 常道也. 達者, 順理爲樂. 缶, 常

떳떳함을 편안히 여겨 스스로 즐거워하지 않으면 스스로 편안히 처하지 못하여 흉하다.[246]

"해가 기울어 걸려 있는 것이 어찌 오래갈 수 있겠는가?"[247]

해가 이미 기울었다! 그 밝음이 오래갈 수 있겠는가? 현명한 사람은 이런 이치를 안다. 그러므로 인물을 구하여 일을 계속하게 만들고, 물러나 처신하여 그 몸을 쉬어서 떳떳함을 편안히 여기고 순리에 처한다. 그런 만큼 재앙이 줄어든다![248]

해가 기우는 형상이 '부정'이나 '재앙'인 것은 아니다. 그러나 기울어지고 있는 형상을 '잘못을 저질러 추락하고 있는 형국'으로 이해한다면, 그것은 부정이자 재앙으로써 오래 지속할 수 없는 문제를 안고 있다.

그런 점에서 니체의 "부정을 행하는 것은 어리석다!"라는 언표를 참고할 필요가 있다.[249]

자기가 누군가에게 행한 부정은 다른 사람이 자기에게 행한 부정보다도 훨씬 참기 어렵다. 단지, 도덕적 이유 때문만은 아니다. 부정을 행한 인간은 본디 언제나 고통 받는 자이다. 그가 양심의 가책에 민감한 경우에도 그렇고, 또 자기의 행위로써 사회를 자기에

用之器也, 鼓缶而歌, 樂其常也. 不能如是, 則以大耋爲嗟憂, 乃爲凶也. 大耋, 傾沒也. 人之終盡, 達者則知其常理, 樂天而已, 遇常皆樂, 如鼓缶而歌. 不達者, 則恐恒有將盡之悲, 乃大耋之嗟. 爲其凶也, 此處死生之道也.

246) 『周易本義』"離": 不安常以自樂, 則不能自處而凶矣.

247) 『周易』"離"'象': 日昃之離, 何可久也.

248) 『易傳』"離": 日既傾昃, 明能久乎. 明者, 知其然也. 故求人以繼其事, 退處以休其身, 安常處順, 何足以爲凶也.

249) 프리드리히 니체(강두식 옮김), 『인간적인 너무나도 인간적인』, 동서문화사, 2016, 332쪽, 참조.

대해 무장시키고 스스로를 고립시키게 되었다고 통찰할 경우에도 그렇다.

때문에 자기 내면의 행복을 위해서라도, 즉 자기 만족감을 잃지 않기 위해서라도, 다른 사람에게 부정을 저지르는 행동은 주의해야 한다. 다른 사람에게서 부정한 행위를 당하는 것보다도 더 주의해야 한다. 왜냐하면 부정한 행위를 당한 경우에는 밝은 양심이나 복수할 수 있다는 희망, 공정한 사람들뿐만 아니라 악인을 기피하는 사회 전체의 동정과 박수를 기대하는 위안이 있기 때문이다.

자기가 다른 사람에게 행한 모든 부정을 자기에게 가해진 다른 사람의 부정으로 바꾸어 버리거나, 또는 자기가 행한 일에 대한 변명으로 정당방위라는 비상권리를 보류해 두는 구역질나는 자기기만에 능한 사람들이 적지 않다. 그들은 이렇게 함으로써 자기에게 씌워진 부담을 훨씬 가볍게 하려고 한다. 이런 태도로 살아가는 사람은 결코 오래 갈 수 없다!

100

두려움과 경계의 찰악행위察惡行威

어떤 일을 하건, 사전에 조심하면서 두려워 할 줄 아는 마음을 가지는 경우, 준비성이 철저한 것일까? 아니면, 미리 근심한다는 그 마음 자체가 너무 소심(小心)한 것인가? 눈물을 줄줄 흘리며 슬퍼하는 일!

존경받을 만한 지도적 위치에 있으면서도 미리 근심하고 두려워하면, 어떤 결과가 기다리고 있을까? 『주역』상편의 마지막에 자리하고 있는 "리(離)"괘의 5효에 의미 있는 구절이 시선을 사로잡는다.

> "다섯 번째 효[- -]는 눈물을 줄줄 흘리며 슬퍼하는 모양이다. 이렇게 하면 괜찮다!"[250]

이에 관한 정이의 해석은 '두려움'을 연달아 강조하며, 인생의 고비를 염려한다. 5효는 높은 자리이다. 본분을 지키고 지도자로서의 덕성도 갖추고 있다. 그만큼 좋은 상황이다. 그러나 문제가 산적해 있다. 부드러운 마음을 가진 사람으로서 윗자리에 있고, 아래에서는 돕는 자가 없다. 홀로 굳세고 강한 존재의 사이에 붙어 있다.

---

250) 『周易』"離": 六五, 出涕沱若, 戚嗟若, 吉.

그만큼 위태하고 두려운 형국이다. 그래도 밝고 바른 마음을 지니고 두려워함이 깊어 눈물을 흘릴 정도이다. 그 우려함이 깊어 슬퍼할 줄 안다. 때문에 그 인생이 괜찮다. 삶을 보존한다. 눈물을 흘리고 슬퍼하는 일은 근심하고 두려워함이 깊다는 말이다. 때에 맞게 당연하게 처신한 것이다. 높은 자리에 있기에 그만큼 세상을 밝히는 데 기여하고, 근심하고 두려워할 줄 알기에 괜찮은 인생을 지속할 수 있다. 만약, 스스로 자신의 능력이나 덕성만을 믿고 두려워하는 마음을 갖지 않는다면, 괜찮은 인생을 지속할 수 없다![251]

무엇이 괜찮은 삶을 지속하도록 인도하는가? 간단하다. 주변에 산적한 형세에 근거하여 그것을 점검하고, 자신의 자리에 맞는 일을 제대로 살펴서 두려워하고 근심하면서 삶을 유지하기 때문이다.[252] 이런 의식은 여섯 번째 효[⚊]에서 자연스럽게 해소된다.

> "최고지도자인 왕이 정벌에 나서면 아름다운 일이 있다. 괴수만을 잡고 일반 무리들을 포용하면 허물이 없으리라!"[253]

정이는 『역전』에서 자세하게 교육적 이상을 안내한다.

> "양(⚊)이 제일 위에 자리하여 괘의 끝에 있으니, 강건하고 밝은 존재이다. 밝으면 비추고 강건하면 결단할 수 있다. 비추면 사악함을 살필

---

251) 『易傳』"離": 六五居尊位而守中, 有文明之德, 可謂善矣. 然以柔居上, 在下无助, 獨附麗於剛強之間, 危懼之勢也. 唯其明也. 故能畏懼之深, 至於出涕, 憂慮之深, 至於戚嗟, 所以能保其吉也. 出涕戚嗟, 極言其憂懼之深耳. 時當然也. 居尊位而文明, 知憂畏如此. 故得吉. 若自恃其文明之德與所麗中正, 泰然不懼, 則安能保其吉也. 故但當折取其魁首, 所執獲者, 非其醜類, 則无殘暴之咎也.

252) 『易傳』"離": 據在上之勢而明察事理, 畏懼憂虞以持之, 所以能吉也.

253) 『周易』"離": 上九, 王用出征, 有嘉. 折首, 獲匪其醜, 无咎.

수 있고, 결단하면 위엄과 형벌을 행할 수 있다. 그러므로 지도자가 이와 같은 강건함과 밝음을 써서, 세상의 사악함을 구별하여 정벌을 행한다면, 아름다운 공적이 있게 된다. …… 밝음이 최고조에 이르면 작은 것도 비추지 않음이 없고, 결단함이 절정에 이르면 너그럽게 용서하는 바가 없다. 가장 알맞은 도리로 요약하지 않으면, 엄격하고 살필 적에 해를 입을 수 있다. 세상의 사악함을 제거할 때, 잘못 물들어 그릇된 것을 끝까지 구명한다면, 어찌 다 처단할 수 있겠는가! 상하고 해치는 것이 심하다. 그러므로 단지 사악한 무리의 우두머리만을 처단하고, 일반 무리는 포용하여 놔두면 허물이 없다."[254]

찰악행위(察惡行威)! 세상의 사악한 존재들을 살펴서 확인하고, 엄격하게 형벌을 시행하여 처단하라!

교육이 세상의 사악한 존재를 판단하는 작업일까? 또는 사악한 존재에게 엄격한 형벌을 가하는 일과 연관되는가? 정의(正義)를 향한 열정을 함양하는 과정이 교육이라면, 당연히, 그렇게 물을 필요도 없다. 교육에서 다루는 내용이, 객관적 사실의 인식에 불과한가? 그 인식에 도덕적 판단과 조치가 일어나는 것까지 담보되어야 하는가? 참으로 어려운 문제이다. "리"괘의 전체적인 상징이 '달라붙다'이듯이, 교육은 어디에 달라붙어야 할까?

공교육을 거부한 아버지로 인해, 16년간 학교를 다니지 못했던 타라 웨스트오버(Tara Westover, 1986~)! 그녀의 비망록인 『배움

254) 『易傳』"離": 九以陽居上, 在離之終, 剛明之極者也. 明則能照, 剛則能斷, 能照, 足以察邪惡, 能斷, 足以行威刑. 故王者宜用如是剛明, 以辨天下之邪惡而行其征伐, 則有嘉美之功也. …… 夫明極則无微不照, 斷極則无所寬宥, 不約之以中, 則傷於嚴察矣. 去天下之惡, 若盡究漸染詿誤, 則何可勝誅. 所傷殘, 亦甚矣.

의 발견』, 그 “프롤로그”와 마지막 “교육”부분을 다시 읽고 재해석해 본다.[255] 교육이 ‘달라붙어야 할 곳’은 어디인가?

타라는 7세 무렵까지 ‘내 교육은 산의 리듬 속에서 이루어졌다!’라고 했다. 그 리듬 속에서 변화는 근본적인 것이 아니라 순환일 뿐이었다. 매일 아침, 같은 해가 다시 솟아올라 계곡을 가로질러 산꼭대기 뒤로 넘어갔단다. 겨울에 오는 눈은 언제나 봄이 되면 녹았다. 타라의 생활도 이런 순환의 질서를 따랐다. 매일의 순환, 계절의 순환, 끊임없이 변화가 일어나는 듯했지만 순환의 동그라미가 완성되고 난 뒤, 돌아보면 아무것도 변화한 것이 없었단다. 타라는 믿었다. 우리 가족도 이 불멸하는 패턴의 일부이고, 어떤 의미에서는 우리도 영원할 것이라고. 그러나 그런 영원함은 산에나 해당되는 개념이었음을 깨달았다. ……

타라의 아버지는 자연인처럼 살기를 원했다. 때문에 산속에서 교육을 시켜주지 않았다. 그런 아버지에게 품었던 모든 반감, 실제 또는 상상 속에서 벌어진 가혹함, 방임, 그런 사례가 얼마나 많아야 내가 아버지를 내 삶에서 끊어 버릴 수 있을까? 아니, 그런 행동을 정당화할 수 있을까? 일단 그 행동을 정당화하는 데 성공하면, 타라는 목을 조르는 것 같은 죄책감에서 벗어나 숨을 들이킬 수 있으리라 생각했다. 그러나 정당화하는 데 성공한다 해도 죄책감이 사라지는 것은 아니다. 다른 이들을 향한 분노가 아무리 거세고 크다 해도 죄책감까지 누를 수는 없었다. 죄책감은 다른 이들과 상관없는 감정이기 때문이다. 죄책감은 자신의 비참함에 대한 두려움이다! 다른 사람과는 아무 상관이 없다.

---

255) 타라 웨스트오버(김희정 옮김), 『배움의 발견』, 열린책들, 2020, 참조.

타라는 오래된 불만들을 끊임없이 들먹이며 탓하기를 멈춘 후에야, 아버지의 죄와 자신의 죄의 무게를 견주는 작업을 멈췄다. 자기 결정을 그 자체로 받아들인 후에야, 비로소 죄책감에서 벗어날 수 있었다. 타라는 자신을 위해 자기 결정을 받아들여야 한다는 것을 배웠다. 아버지 때문이 아니라 자기 때문이라는 것도 받아들였다. 아버지가 그럴 만큼 큰 잘못을 해서가 아니라, 타라 자신이 필요했기 때문에. 그것은 타라가 아버지를 사랑할 수 있는 유일한 방법이기도 했다.

아버지가 타라 자신의 삶에 들어와 있을 때는, 자기 삶에 대한 결정권을 차지하기 위해, 자신과 씨름하고 있을 때는, 타라는 아버지를 군인의 눈으로, 안개처럼 자욱한 갈등 속에서 바라봤다. 그때는 아버지의 부드럽고 섬세한 부분을 보지 못했단다. 아버지가 자신의 바로 앞에 분노하는 모습으로 크게 버티고 서 있을 때는, 타라가 어린 시절에 알았던 아버지의 모습, 즉 웃을 때 배까지 흔들리고 안경이 반짝거리던 모습을 떠올릴 수 없었단다. 아버지가 엄격한 모습으로 서 있을 때는, 화상으로 입술이 타버리기 전, 옛 추억으로 눈에 눈물이 차오르면 입술을 보기 좋게 움찔거리는 모습을 자신이 좋아했었다는 사실을 기억하지 못했단다. 먼 거리와 기나긴 시간을 사이에 둔 지금에야 타라는 그런 것들을 기억할 수 있게 됐단다.

타라와 아버지를 가르고 있는 것은 시간과 거리만이 아니었다. 그것은 타라 자신의 '변화된 자아'였다. 타라는 아버지가 기른 그 아이가 아니지만, 아버지는 타라 웨스트오버라는 아이를 기른 아버지였다. …… 거울에 비친 타라 자신을 보면서, 이유를 이해할 수는 없지만, 타라가 거울로 들어가고 타라 자신 대신 거울 속의 열여섯 살짜리 소녀를 내보내지 못한 그 순간이, 바로 인생의 관절고리였단다.

그 순간까지 그 열여섯 살 소녀, 타라는 늘 거기 있었다. 타라가 겉으로 아무리 변한 듯 했어도, 학업 성적이 아무리 우수하고 겉모습이 아무리 많이 변했어도, 타라는 여전히 그 소녀였다. 좋게 봐준다 해도 타라는 두 사람의 형상으로 남아있었다. 타라의 정신과 마음은 둘로 갈라져 있었다. 그 소녀가 늘 내 안에 있으면서, 아버지의 집 문턱을 넘을 때마다 모습을 드러냈다.

그날 밤 타라는 그 소녀를 불렀지만 그녀는 대답하지 않았다. 타라 자신을 떠난 것이다. 그 소녀는 거울 속에 머물렀다. 그 이후에 타라가 내린 결정들은 그 소녀는 내리지 않을 결정들이었다. 그것들은 변화한 사람, 새로운 자아가 내린 결정들이었다.

이 자아는 여러 이름으로 불릴 수 있다. 변신, 탈바꿈, 허위, 배신 ……

타라는 그것을 '교육'이라 명명했다.

참고문헌

『周易』

『易傳』

『周易本義』

『論語』

『大學章句』

『中庸』

『老子道德經』

『千字文』

『碧巖錄』

『古文眞寶』

「出師表」(諸葛亮)

B.R. Hergenhahn · Matthew H. Olson(김영채 역). 『학습심리학』. 박영사, 2013.

김충렬. 『노장철학강의』. 예문서원, 1995.

데이비드 흄(김성숙 옮김). 『인간이란 무엇인가』. 동서문화사, 2016.

루소(김중현 옮김). 『에밀』. 한길사, 2003.

몽테뉴(손우성 옮김). 『수상록』. 동서문화사, 2016.

미야모토 무사시(안수경 옮김). 『오륜서』. 사과나무, 2016.

박홍규. 『베르그송의 창조적 진화 강독』. 민음사, 2007.
박희준 평석. 『백서도덕경-老子를 읽는다』. 까치, 1991.
버트란트 러셀(안인희 옮김). 『러셀의 교육론』. 서광사, 2011.
버트란트 러셀(정광섭 옮김). 『서양의 지혜』. 동서문화사, 2017
베르그송(이희영 옮김). 『도덕과 종교의 두 원천』. 동서문화사, 2016.
새뮤얼 스마일스(장만기 옮김). 『자조론』. 동서문화사, 2017.
세네카(김현창 옮김). 『인생이야기』. 동서문화사, 2016.
쇼펜하우어(권기철 옮김). 『철학적 인생론』. 동서문화사, 2016.
쇼펜하우어(김욱 편역). 『쇼펜하우어 아포리즘』. 포레스트북스, 2023.
시라토리 하루히코(박재현 옮김). 『비트겐슈타인의 말』. 인벤션, 2015.
알랭드 보통(정명진 옮김). 『철학의 위안』. 청미래, 2012.
앤두루 머레이(김희보 역). 『겸손』. 총신대학출판부, 1997.
엘리어트 애런슨(박재호 옮김). 『인간. 사회적 동물』. 탐구당, 2014.
이충진. 『행복철학』. 이학사, 2020.
임마누엘 칸트(프리드리히 테오도르 링크 엮음. 박찬구 옮김). 『교육론』(칸트전집 13). 한길사, 2021.
제임스 클리어(이한이 옮김). 『아주 작은 습관의 힘』. 비즈니스북스, 2019.
존 로크(박혜원 옮김). 『교육론』. 비봉출판사, 2011.
콜라트파울 리스만·게오르크 쉴트함머(최성욱 옮김). 『행복』. 이론과 실천, 2014.
크리슈나무르티(강옥구 번역). 『教育과 人生의 意味』. 대화출판사, 1980.

타라 웨스트오버(김희정 옮김). 『배움의 발견』. 열린책들, 2020.
프리드리히 니체(강두식 옮김). 『인간적인 너무나도 인간적인』. 동서문화사, 2016.

저자 약력

신창호(申昌鎬)

현) 고려대학교 교육학과 교수

주요 학력

고려대학교 학사(교육학/철학)
한국학중앙연구원 석사(철학)
고려대학교 박사(Ph. D, 교육철학 및 교육사학)

주요 경력

고려대학교 입학사정관실장/교양교육실장/교육문제연구소장/평생교육원장
한국교육철학학회 회장/한중철학회 회장/한국학중앙연구원 이사/중국형수학원 특빙교수

주요 논저

≪한국교육 무엇을 고민해야 하는가≫(1·2), ≪한국교육사의 통합적 이해≫, ≪교육철학≫, ≪교육철학 및 교육사≫, ≪교육과 학습≫, ≪수기, 유가 교육철학의 핵심≫, ≪유교의 교육학 체계≫, ≪율곡 이이의 교육론≫, ≪세계 종교의 교육적 독해≫, ≪톨스토이의 서민교육론≫, ≪존 듀이 교육학의 원류를 찾아서≫, ≪사서-한글 논어/맹자/대학/중용≫(역), ≪논어의 지평≫, ≪배려≫, ≪관자≫(공역), ≪주역절중≫(공역) 외 100여 편.

연구 관심

고전(古典)의 현대 교육학적 독해

이메일: sudang@korea.ac.kr

주역 단상(上) – 변역(變易)과 대대(待對)의 교육적 지혜 –

초판발행 2024년 3월 15일

지은이 신창호
펴낸이 노 현

편 집 배근하
표지디자인 BEN STORY
제 작 고철민·조영환

펴낸곳 ㈜ 피와이메이트
서울특별시 금천구 가산디지털2로 53 한라시그마밸리 210호(가산동)
등록 2014. 2. 12. 제2018-000080호
전 화 02)733-6771
f a x 02)736-4818
e-mail pys@pybook.co.kr
homepage www.pybook.co.kr
ISBN 979-11-6519-969-2 93370

정 가 18,000원

박영스토리는 박영사와 함께하는 브랜드입니다.